Christoph Schulz

PLASTIKFREI
für Einsteiger

Bibliografische Information der Deutschen Nationalbibliothek
Die Deutsche Nationalbibliothek verzeichnet diese Publikation in der Deutschen Nationalbibliografie.
Detaillierte bibliografische Daten sind im Internet über http://d-nb.de abrufbar.

Für Fragen und Anregungen
info@mvg-verlag.de

Originalausgabe
3. Auflage 2019
© 2019 by mvg Verlag, ein Imprint der Münchner Verlagsgruppe GmbH
Nymphenburger Straße 86
D-80636 München
Tel.: 089 651285-0
Fax: 089 652096

Alle Rechte, insbesondere das Recht der Vervielfältigung und Verbreitung sowie der Übersetzung, vorbehalten. Kein Teil des Werkes darf in irgendeiner Form (durch Fotokopie, Mikrofilm oder ein anderes Verfahren) ohne schriftliche Genehmigung des Verlages reproduziert oder unter Verwendung elektronischer Systeme gespeichert, verarbeitet, vervielfältigt oder verbreitet werden.

Redaktion: Sabine Zürn
Umschlaggestaltung: Laura Osswald
Umschlagabbildung: Christoph Schulz
Layout: Manuela Amode
Satz: Müide Puzziferri, MP Medien, München
Druck: Florjancic Tisk d.o.o., Slowenien
Printed in the EU

ISBN Print 978-3-86882-993-8
ISBN E-Book (PDF) 978-3-96121-304-7
ISBN E-Book (EPUB, Mobi) 978-3-96121-305-4

Weitere Informationen zum Verlag finden Sie unter
www.mvg-verlag.de
Beachten Sie auch unsere weiteren Verlage unter
www.m-vg.de

Christoph Schulz

PLASTIK FREI
für Einsteiger

mvgverlag

Inhalt

Vorwort 9

Ein Blick hinter die Kulissen 13
Plastikmüll 16
Alles für die Tonne 21
Das Wichtigste über Plastik 23
Das plastikfreie Leben 28

Schritt 1: Der neue Lebensstil 33
Hilfreiche Ausstattung 35
Gefestigte Einstellung 40
Plastikfrei-Grundregeln 45
Einfache Alternativen für den plastikfreien Alltag 52

Schritt 2: Gewohnheiten ändern 61
Plastikfrei einkaufen 63
Plastikfrei unterwegs sein 68
Natürliche Kleidung 72
Alternativen für Fortgeschrittene 76

Schritt 3: Plastikfrei-Experten 83
Kinder großziehen 84
Mach's dir selbst 88
Hilfreiche Hausmittel 89

Noch mehr Helfer 93
Anleitungen zum Selbermachen 95
    Zahnpasta 96
    Deodorant 98
    Waschmittel 100
    Spülmittel 102
    Sonnencreme 104
Ein Schuss Spezialwissen 106
Alternativen für Experten 110
Vorangehen 119

Dank 123

Weiterführende Informationen .124
Über den Autor 125
Bildnachweis 127

Für alle vorausschauenden Menschen, die unsere Erde als einen besseren Ort verlassen möchten, als sie ihn vorgefunden haben.

Vorwort

»Sag mal, Oma, womit habt ihr euch eigentlich früher die Zähne geputzt?« – »Na, mit einer Zahnbürste aus Holz«, sagte meine Oma in selbstverständlichem Ton. Ich war überrascht. Was sich anhört wie ein Gespräch zwischen meiner Oma und einem Zehnjährigen, ist gerade einmal zwei Jährchen her. Zu dem Zeitpunkt war ich 27 Jahre alt. Und eine Holzzahnbürste zu besitzen, war alles andere als eine Selbstverständlichkeit. Dass ich die Frage erst so spät stellte, lag einzig und allein an mir selbst. Ich hatte den vielseitigen Kunststoff bis zu diesem Zeitpunkt ausschließlich in seiner Perfektion und Nützlichkeit wahrgenommen – ohne jeglichen Zweifel. Aber ich hole erst einmal Luft und berichte der Reihe nach.

Als mich meine Mutter im Jahr 1988 auf die Welt brachte, plumpste ich bereits mitten ins Plastikzeitalter. Die Ärzte hielten mich mit ihren Einweghandschuhen und durchtrennten meine Nabelschnur mit einer Schere mit grünen Plastikgriffen. Papa brachte eine Plastiktüte mit Nervennahrung mit – Schokolade, doppelt und dreifach gefangen in Plastik. Der vielseitige Kunststoff erlebte in den 1980er-Jahren einen wahren Boom und war nicht nur in jeder Ecke des Krankenhauses zu finden. Nein: Plastik war und ist allgegenwärtig. Während der unbrauchbare Kunststoffmüll früher noch in vielen Dörfern in Gruben versteckt werden konnte, wächst er uns heute über den Kopf – nicht nur in Deutschland, sondern überall auf der

Welt. Denn Plastik ist nicht biologisch abbaubar und bleibt für immer.

Ein Erlebnis während meiner Reise durch Sri Lanka bestätigte mir das und verankerte sich hartnäckig in meinem Langzeitgedächtnis: Nach einer Surfstunde im Süden der Insel marschierte ich ein paar Kilometer am Wasser entlang. Auch wenn mir schon auf dem Surfbrett der ein oder andere Plastiktrinkbecher entgegengeschwappt war, rieb ich mir diesmal ungläubig die Augen. Eine meterlange Wulst aus Plastikflaschen, Trinkbechern, Styroporbehältern und Windeln sowie verendeten Fischen und Vögeln wälzte sich zwischen Sandstrand und Wellen hin und her. Der Anblick war ebenso schwer zu ertragen wie der Geruch. In dem ganzen Einwegmüll verlor sich auch eine mehr als 30 Jahre alte Plastikflasche. Sie verriet ihr ungefähres Alter durch das aufgedruckte Mindesthaltbarkeitsdatum. Ein leicht verwaschenes, aber immer noch sehr gut lesbares »aufzubrauchen bis 18.05.1986« zierte den langen, durchsichtigen Flaschenhals. In diesem Moment realisierte ich: Plastik hält ewig.

Für mich war es der entscheidende Anstoß, dem unvergänglichen Plastikmüll den Kampf anzusagen. Ich kam, sah und recherchierte. Ich konnte nicht mehr wegsehen. Werner Boote hat mir dann mit seinem Film »Plastic Planet« sprichwörtlich Streichhölzer zwischen die Augen geklemmt. Hätte es schon im Mittelalter Plastik gegeben, wäre es sogar möglich gewesen, eine Plastikflasche mit einem Haltbarkeitsdatum anno 1568 am Strand zu finden.

Denn knapp 500 Jahre dauert es, bis sich eine gewöhnliche Plastikflasche im Meer durch Reibung, Salzwasser, Wind und Wellen in unsichtbares Mikroplastik zersetzt. Mit jedem Wort, das ich über den hochgejubelten Kunststoff las, hörte und notierte, erkannte ich mehr und mehr seine Gefahren. Mir wurde klar, dass ich durch meinen übermäßigen Plastikkonsum bis dato selbst ein Teil des Problems war, und entschied mich deshalb, durch einen weitgehend plastikfreien Lebensstil zu einem Teil der Lösung zu werden.

Zwei Jahre später schrieb ich dieses Buch, um das Wissen und die Erkenntnisse, die ich inzwischen gewonnen hatte, in einem einfach umzusetzenden Schritt-für-Schritt-Programm weiterzugeben. Ich lebe nicht ohne Bargeld im Wald oder laufe ausschließlich barfuß durch die Gegend – ich bin ein ganz normaler Mensch und ein offener, ehrlicher Unternehmer, der die Natur im Herzen trägt. Mit einer großen Portion Motivation möchte ich dabei helfen, dass die Menschheit ihren Plastikmüll Stück für Stück und mit möglichst geringem Aufwand reduziert. Es geht mir aber nicht darum, Plastik niederzumachen. Ganz im Gegenteil: Ziel ist es, einen klugen Umgang mit dem ja wirklich nützlichen Kunststoff zu finden und Überflüssiges durch nachhaltige Alternativen zu ersetzen. Denn nur so können wir dazu beitragen, dass auch zukünftige Generationen einen bewohnbaren Planeten vorfinden.

Ein Blick hinter die Kulissen

Es ist schon erstaunlich, wie sehr uns die blendenden Vorteile des Plastiks für mehr als ein halbes Jahrhundert die klare Sicht auf die Dinge nahmen. Angesichts eines gewöhnlichen Plastikbechers wird mir klar, in welch bedenkliche Lage wir uns manövriert haben: Wir pumpen lieber den begrenzten Rohstoff Erdöl aus dem Boden, transportieren das Öl zur Raffinerie, verwandeln es aufwendig in Kunststoffbecher, die in der praktischen 50er-Plastikverpackung dem Händler geliefert werden, wo sie für kleines Geld gekauft werden, um dann beim nächsten Grillabend nach fünf Schlucken überzuckerter Limonade im hohen Bogen neben Plastiktellern und Plastikbesteck im Müll zu landen. Stattdessen hätte man doch einfach ein wiederverwendbares Glas nehmen und es nach dem Grillen abwaschen können.

Es fühlt sich wirklich großartig an, die eigene Vorstellungskraft ab und zu dafür zu nutzen, um unsere unbewusst antrainierten und uns deshalb richtig erscheinenden Verhaltensweisen zu hinterfragen. Ein Blick hinter die Kulissen offenbart, was uns viele Vertreter aus der Politik und der Plastikindustrie möglichst lange verschleiern wollen: die Folgen unseres wilden Konsums für unsere Erde.

Eine vorgeschnittene Tomate in der Plastikverpackung zum utopischen Preis von 3,80 Euro oder eine Orange im Plastiksarg, für den wir auch noch eine kostenlose Plastiktüte bekommen: Bequemlichkeit und Stress haben zugenommen, und wir wollen Aufwand und Zeit sparen. Die sogenannten Convenience-Produkte sorgen für Berge

An unseren Stränden finden wir Plastik in allen Farben und Formen – zum Beispiel diesen WC-Duftspüler.

von unnötigem Plastikmüll, den wir häufig in der Umwelt wiederfinden. Wir sollten öfter mal hinter die Kulissen schauen, smart sein und Plastik vermeiden. Schneiden wir unsere Tomate selbst und kaufen wir die Orange unverpackt und ohne Plastikhülle! Mit diesem Buch möchte ich den Vorhang Stück für Stück und in aller Ruhe für dich zur Seite ziehen, damit du eine uneingeschränkte Sicht auf unsere Plastikwelt erhältst.

Plastikmüll

Plastikmüll ist wie ein unerwünschter Gast auf einer Dinnerparty – er stört und er verschwindet auch nicht so ohne weiteres. Er sieht mies aus und riecht ziemlich stark. Wir halten fest: Plastikmüll ist alles andere als sexy, und nur wenig von dem unnötigen Einwegkunststoff der Fertigsalate und kurzlebigen Coffee-to-go-Becher kann aufgrund des häufig unterschiedlichen Materials und der schlechten Mülltrennung wiederverwertet werden. Aber wenigstens wird der Plastikmüll in Deutschland beinahe täglich abgeholt. Puh, Glück gehabt, könnte man denken – aus den Augen, aus dem Sinn. Doch stellen wir uns einfach mal vor, den gesamten Plastikmüll eines Jahres im Wohnzimmer zu sammeln. Welche Plastikberge sind da nach einem Jahr zu erwarten? Da jeder Deutsche durchschnittlich 37 kg Plastikmüll pro Jahr produziert, kann ich es dir sagen. In deiner Wohnung stünden vermutlich 20 volle, große Säcke mit leeren Spülmittelflaschen, ausgequetschten Zahnpastatuben, muffigen Käseverpackungen, unnützen Plastiktüten und einer Menge weiterem, überflüssigem Verpackungsmüll aus deinem Haushalt. Wir können von Glück sagen, dass wir in Deutschland ein Recyclingsystem haben, bei dem immerhin etwa die Hälfte des anfallenden Plastikmülls verwertet wird. In Ländern wie Indien, Indonesien, Brasilien und Thailand fahren in unregelmäßigen Abständen klapprige Traktoren mit löchrigen Anhängern durch die meist überbevölkerten Orte, um den Müll abzuholen. Nur leider wird dort nicht weniger Müll produziert, denn die profitgierigen westlichen

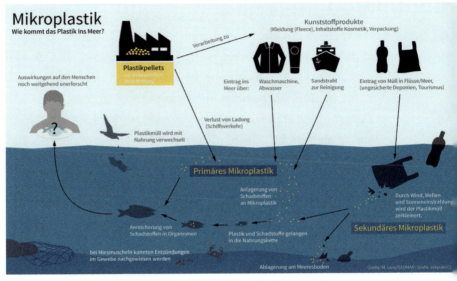

Plastikmüll gelangt in die Meere und zersetzt sich dort ganz langsam zu einer fast unsichtbaren Gefahr.

Großkonzerne wollen ihre müllproduzierenden Produkte ja schließlich in allen Ländern dieser Welt verkaufen und verschwenden keinen Gedanken an die Abfallsituation in den Entwicklungsländern. Doch Plastikmüll ist ein weltweites Problem, das jeden Einzelnen von uns betrifft.

Dass jedes Jahr etwa 32 Millionen Tonnen Plastikmüll in der Umwelt landen, ist eine logische Folge unseres Plastikwahns. Regelmäßig unterstütze und organisiere ich Aufräumaktionen an den Stränden dieser Welt, um die Menschen aufzuklären und um die Meere vor den Folgen unseres unbewussten Massenkonsums zu schützen. Dabei finden wir jede vorstellbare Form – von Plastikmüll von der pfandfreien Flasche über den künstlichen WC-Duftspüler bis zur vollen Windel. So wie eine Plastikflasche benötigt auch eine Einwegwindel mindestens 500 Jahre, um sich in ihre Einzelteile aufzulösen. Auch Zigaretten, von denen weltweit täglich etwa zehn Milliarden auf den Boden und nicht in den Aschenbecher fallen, zersetzen sich je nach Zusammensetzung erst in etwa zwei bis fünf Jahren, wenn sie es sich nicht schon vorher im Magen eines Vogels bequem gemacht haben. Plastiktüten verwenden wir etwa zehn bis 20 Minuten lang. Zehn bis 20 Jahre sind sie aber in den Meeren unterwegs, wo sie von Meeresschildkröten für Quallen gehalten und gefressen werden. Auch wenn die Plastikflaschen und all die anderen achtlos über die Schulter geworfenen Gegenstände aus Plastik nach mehreren Jahrzehnten oder Jahrhunderten nicht mehr sichtbar sind – ihre einzelnen Bestandteile bleiben für immer auf unserer Erde und richten verheerenden Schaden an. Über Meerestiere gelangen die Mikroteilchen auch in die menschliche Nahrungskette. In mindestens fünf großen Müllstrudeln kreisen Millionen von Plastikteilen auf den Ozeanen, angetrieben durch die Meeresströmungen. Allein im pazifischen Müllstrudel sollen 80.000 Tonnen Plastikmüll umherirren. Insgesamt sind bereits etwa 300 Millionen Tonnen Plastik ins Meer gelangt. Nach Schätzungen befinden sich 70 % des Plastikmülls im Meer in der Schwebe oder am Meeresboden, 15 % treiben an der Oberfläche und genau so viel Müll liegt angespült an den Stränden.

Auch wenn die von uns ins Meer geschleuderte Plastiktüte aus unserem Sichtfeld verschwinden mag, können wir sicher sein, dass früher oder später ein anderes Lebewesen darunter leiden wird. Jedes Jahr verenden Hunderttausende Delfine, Schildkröten und andere Meeresbewohner sowie eine Million Seevögel wegen unseres achtlosen, verschwenderischen Lebensstils. Die Tiere halten Plastikteile wie Flaschendeckel, Tüten oder Feuerzeuge für Nahrung und fressen sie – doch der Kunststoff kann nicht verdaut und im Regelfall auch nicht ausgeschieden werden. Seevögel verwenden Angelschnüre, Teile von Fischernetzen und anderen Kunststoff außerdem für den Nestbau. Da das Material nicht nachgibt, erdrosseln sich viele Tiere selbst und baumeln von ihren Nestern herunter. Junge Schildkröten schwimmen in Sixpack-Ringe aus Hartplastik und wachsen im Laufe der Zeit immer weiter hinein. Die Ringe geben nicht nach und schneiden sich in das Fleisch. Somit kommt es zu unnatürlichen und später tödlichen Verformungen der Tiere. Umhertreibende Geister-Fischernetze aus Kunststoff werden zur Todesfalle für Meerestiere. Je länger ich darüber nachdenke, desto klarer wird mir, dass wir Menschen die wahren Monster auf diesem Planeten sind. Wir und niemand anders haben die Verantwortung dafür zu tragen, dass laut wissenschaftlicher Prognosen im Jahr 2050 mehr Plastik im Meer schwimmen könnte als Tiere.

Doch wir sägen auch selbst mit kräftigen Zügen an dem Ast, auf dem wir sitzen. Davon abgesehen, dass Weichmacher im Kunststoff unseren Hormonhaushalt durcheinanderwirbeln, transportieren Plastikteile die daran gebundenen Erreger von Cholera und anderen Krankheiten wie Taxifahrer über die Meere. Durch die Meeresströmungen gelangen Krankheitserreger dadurch in Gefilde, die sie sonst niemals angesteuert hätten. Die größte Ungewissheit für unsere Gesundheit ist allerdings das Mikroplastik – winziger Kunststoff, kleiner als fünf Millimeter. Durch Kleidungsstücke, billige Kosmetika, abgefahrene Autoreifen, Schuhsohlen oder zerfallende Plastikteile gelangt Mikroplastik ins Meer. Auch Kläranlagen können die kleinen, wendigen Teilchen nicht aufhalten. Das bestätigte Problem: Muscheln, Fische und Hummer gönnen sich das Mikroplastik als schnelle Mahlzeit. So gelangen die Giftstoffe in die Zellen der Tiere, die dann einige Zeit später von uns genüsslich verzehrt werden. Die Auswirkungen auf unsere Gesundheit sind noch weitgehend unerforscht, und dennoch haben sie jetzt schon einen faden Beigeschmack.

Die gut gefüllte gelbe Tonne wartet darauf, abgeholt zu werden.

Alles für die Tonne

Für die Herstellung von Kunststoffen sind nicht nur Erdöl, sondern auch viel Energie und Wasser notwendig. Im Recycling des Mülls steckt also ein riesiges Potenzial. Deshalb müssen wir die richtige Mülltrennung als einen wichtigen Teil unseres Alltags betrachten. In den meisten Teilen Deutschlands gibt es eine bunte Vielfalt an Tonnen, in die wir unseren Müll werfen. Egal ob blau, grau, gelb, grün oder braun – meistens wird einfach alles reingehauen Die gelbe Tonne bei uns im Hof scheint kein einfaches Leben zu haben. Eigentlich soll sie unseren übermäßigen Plastikmüll aufnehmen, muss aber alles schlucken, was wir so in sie hineinstopfen. Auch die Mitarbeiter der Müllentsorgungsanlagen schlucken einmal kräftig, wenn sie sehen, wer sich alles unerlaubt einen Platz in der gelben Tonne gesichert hat: ein Haufen Katzenstreu, Billig-Kugelschreiber mit dem Aufdruck einer Umweltfirma, gefaltete Pizzakartons, Konservengläser, Rasierer aus Einwegplastik, unbeschriftete CDs, benutzte Taschentücher und stinkende Zigarettenstummel. Das sind nur einige der ungebetenen Gäste, die zwar keine offizielle Einladung erhalten haben, aber dennoch in den Mülltransporter eingeladen wurden. Egal warum die blinden Passagiere in die gelbe Tonne gelangt sind, etwa aus Faulheit oder Unwissenheit ihrer ehemaligen Besitzer, sie werden mit hoher Wahrscheinlichkeit verbrannt. Über das große Thema Mülltrennung ließe sich allein ein ganzes Buch schreiben, deshalb richte ich meinen Blick jetzt ganz auf die gelbe Tonne.

Wer rein darf und wer draußen bleiben muss

Also, wer ist erwünscht in der gelben Tonne und wer nicht? »Grundsätzlich alle entleerten Einwegverkaufsverpackungen, die nicht aus Papier, Pappe oder Glas bestehen.« So beantwortet die Entsorgungsfirma Schönmackers diese Frage und meint damit sogenannte Leichtverpackungen aus Kunststoff, Metall, Verbundstoff und Naturmaterial, die allesamt dem Zweck dienen, ein Produkt zu schützen.

Im Klartext sind das Gemüseverpackungen, Schalen von Fertigsalaten, Folien von Fertigpizzen, Tetrapacks, Plastikkorken, leere Zahnpastatuben, aufgebrauchte Spraydosen und Joghurtbecher. Letztere müssen nicht einmal blitzblank ausgespült werden; es reicht, den Joghurt aufzuessen und den Becher grob auszukratzen. Beim Recycling der Joghurtbecher wird sowieso ausreichend Wasser verbraucht. Übrigens sollte man die einzelnen Joghurtbecher nicht ineinanderstapeln, auch wenn dadurch mehr Platz im Müllsack entsteht, doch so erschweren sie den Recyclingprozess.

Und volle Einwegwindeln, zerkratztes Spielzeug, benutzte Taschentücher und zerknitterte Alufolie von der letzten Ofenkartoffel? Diese Dinge gehören allesamt in die schwarze Restmülltonne. Die verbrauchte Einwegwindel besteht zwar zu einem Großteil aus Kunststoff, enthält aber Fäkalien, die aus gesundheitlichen Gründen im Restmüll entsorgt werden müssen und später verbrannt werden. Auch Alufolie von der Rolle gehört nicht in die gelbe

Tonne, obwohl sie ja eigentlich recycelbar ist. Doch da sie nicht als Verpackungsmaterial diente, hat sie in der gelben Tonne nichts verloren. In Deutschland werden gelber Sack und gelbe Tonne ausschließlich durch Pflichtabgaben der Industrie finanziert, die Verpackungen in Umlauf bringen. Am Ende zahlt aber der Konsument diese Gebühren, denn diese Abgaben werden auf den Verkaufspreis umgelegt.

Auch leere Batterien fliegen aus Bequemlichkeit oder Unwissenheit häufig in die gelbe Tonne. Doch Batterien enthalten Quecksilber und müssen deshalb gesondert entsorgt werden. Dafür kann man sie ganz einfach in jedem Geschäft abgeben, in dem es Batterien zu kaufen gibt. Ähnliches gilt für CDs und DVDs, die unter hohem Aufwand aus hochwertigem Polycarbonat gefertigt werden. Um den Rohstoff zu sichern, sollten die runden Scheiben bei einem kommunalen Recyclinghof oder einfach in die Sammelbox eines Geschäftes mit CD- oder DVD-Verkauf abgegeben werden.

Das Wichtigste über Plastik

»Du, sag mal, was ist denn eigentlich Plastik?« Wenn man nicht zufällig Chemiker ist, antwortet man auf diese Frage sicher mit einem undeutlichen Mischmasch aus »ähm«, »hm … Kunststoff«, »puh, gute Frage«, »müsste ich jetzt auch googeln«. Doch wer den Kampf gegen die Kunststoffverschwendung im Alltag gewinnen will, sollte zumindest grundlegende Fakten über Plastik kennen.

Eine gewöhnliche Tüte aus Plastik – doch was ist Plastik eigentlich genau?

Was ist eigentlich Plastik?

Nachdem Erdöl zu Rohbenzin destilliert, anschließend gecrackt und zu Plastik synthetisiert wurde, sind Mikroorganismen nicht mehr in der Lage, den beständigen Kunststoff vollständig zu zersetzen. Jedes Plastikprodukt, wie zum Beispiel eine Plastikflasche, ist ein sogenanntes Polymer, das sich aus vielen kleinen, festen Monomeren zusammensetzt. Stell dir die Flasche einfach wie ein großes Puzzle aus vielen Teilchen vor. Das fertige Puzzle ist ein Polymer, die einzelnen Teilchen sind Monomere. Die harte Salatbox, der biegsame Einweglöffel und der Putzschwamm sind also alles Polymere. Dass Einweglöffel, Salatbox und Putzschwamm aus unterschiedlichen Kunststoffen bestehen, lässt sich in der Regel auch für

Nichtchemiker schon durch das Biegen des Materials feststellen. Bei Hitze verhalten sie sich unterschiedlich. Der Einweglöffel ist ein Thermoplast, der bei Erhitzung einfach in sich zusammenschmilzt, während die Salatbox ein Duroplast ist, der auch bei starker Hitze in seiner Form bleibt. Der Putzschwamm hingegen ist ein Elastoplast, der nach Druckausübung wieder in seine ursprüngliche Form zurückkehrt und sich bei Hitzeeinwirkung für gewöhnlich nicht verformt.

Die Monomere des Plastiklöffels sind wie die Bahnabgrenzungen im Schwimmbad aneinandergekettet und nicht mit anderen Ketten verknüpft. Dadurch ist der Thermoplast weich. Bei der Salatbox ist jedes Monomer mit mindestens zwei seiner Kumpane verknüpft, wodurch die Box hart wird und auch bei Hitze in ihrer Form bleibt. Elastoplasten könnten die gemeinsamen Kinder von Salatschüsseln und Einwegbesteck sein, denn ihre Monomere sind weitmaschig sowohl in Ketten als auch dreidimensional miteinander verknüpft.

Doch die Plastikarten lassen sich nicht nur anhand ihres jeweiligen Härtegrades und ihrer Hitzebeständigkeit unterscheiden. So besitzt zum Beispiel ein elastisches Fitnessband eine völlig andere Zugfestigkeit als eine bunte Handyschale, und weiche Geschirrputztücher können Wasser aufsaugen, während der harte Pfannenwender aus Plastik Wasser abweist. Plastik ist sozusagen das Chamäleon der Materialwelt.

Von Vorzügen und Nachteilen

Plastik ist so unglaublich flexibel, dass wir es beinahe überall nutzen, obwohl es schädlich für unsere Gesundheit und die Umwelt ist. Plastik ist bruchfest, leicht und vor allem günstig herzustellen. Doch die Kehrseite der Medaille ist ebenfalls unübersehbar. Der hochgelobte Kunststoff besteht aus einem begrenzten Rohstoff und ist nicht biologisch abbaubar – und jedes Jahr landen etwa 32 Millionen Tonnen davon in der Umwelt. Es wäre aber falsch, das Material Plastik nur nach seiner Umweltverträglichkeit und seinen Auswirkungen auf unsere Gesundheit zu beurteilen. Denn der vielseitige Kunststoff ermöglicht uns ja auf der anderen Seite auch, Windenergie einzufangen, Waren leichter zu transportieren und Medikamente keimfrei zu verpacken. Wer weitgehend plastikfrei lebt, sollte kein totaler Plastikgegner sein, sondern lernen, Kunststoff sinnvoll zu gebrauchen. Es ist zum Beispiel nicht sinnvoll, vorgeschälte Eier in einer Plastikverpackung zu kaufen. Wer zwei gesunde Hände hat, kann sich die Eier ja auch selbst pellen, oder? Das kann man schaffen.

Sinnvoll ist Kunststoff hingegen, um die Wohnung möglichst kostengünstig und ressourcenschonend zu heizen. Die nur schwer auszusprechenden Kunststoffe Polyurethan (PUR) und Polyisocyanurat (PIR) wirken unter anderem wärmedämmend und helfen uns besonders an kalten Wintertagen dabei, aufwendig und teuer produzierte Wärme im Haus zu halten. Auch Kabel und elektrische Leitungen sind zum Beispiel mit Polyethylen isoliert, da der bruchfeste und feuchtigkeitsabweisende Kunststoff einen hohen elektrischen Widerstand bietet.

Wie wird Plastik recycelt?

Siebtrommeln, Überbandmagnete und Wirbelstromscheider bilden die modernsten Technologien, um Plastikmüll in den Müllverwertungsanlagen maximal sortenrein zu trennen. Die Kunststoffteile aus der gelben Tonne stehen am Scheideweg: Was als unbeschädigt und sortenrein eingeordnet wird, wird werkstofflich verwertet. Dabei wird der sogenannte Altkunststoff zu Verpackungsfolien, Getränkekästen oder Bechern verarbeitet. Ihre Monomere werden nicht voneinander getrennt. Verirrte und beschädigte Plastikteile haben es da etwas schwerer – sie werden rohstofflich verwertet. Die kleinen gebundenen Monomere einer Plastiktüte werden voneinander getrennt, um nach einer Runde im Hochofen wieder als Erdöl, Kohle oder Erdgas zur Verfügung zu stehen. Wenn Kunststoffe weder werkstofflich noch rohstofflich verwertbar sind, können sie bei der energetischen Verwertung ihre Stärke ausspielen und wertvolle Energie erzeugen. Ganz egal, welchen Weg ein Kunststoffteil nimmt, am Ende hat es im Recycling einen Nutzen – als Plastikmüll in der Umwelt dagegen nicht.

Das plastikfreie Leben

Plastikfrei zu leben bedeutet, sich der Gefahren des Kunststoffs für Gesundheit und Umwelt bewusst zu sein und deshalb nachhaltig zu konsumieren, Plastikmüll zu vermeiden und andere Menschen Stück für Stück darüber aufzuklären.

Ein Brot lässt sich auch in einem Jutebeutel nach Hause transportieren.

Wer mit dem Begriff »plastikfrei« konfrontiert wird, reagiert nicht selten so, als würde ihn in unmittelbarer Zukunft eine unaufhaltbare Lawine aus Hippies, Holzspielzeug und Hanfbeuteln überrollen. Die häufige Folge ist, sich lieber an alten Gewohnheiten festzuklammern und den wiederverwendbaren Jutebeutel vorschnell an den Nagel zu hängen. Ich kann dich beruhigen, du kannst ihn ganz entspannt wieder hervorholen. Und ein Hippie-Lebensstil ist es auch nicht – eher ein kluger, zeitgemäßer

Lebensstil von Leuten, die bereits hinter die Kulissen geblickt haben und nebenbei auch noch etwas Geld sparen wollen. Eine klassische Win-win-Situation eben. Das Leben ohne Plastik ist eine logische Reaktion auf den unbedachten und profitorientierten Massenkonsum von Plastikartikeln, die überall in unserer Umwelt landen und schlussendlich im Meer treiben.

Auch wenn wir lange Zeit die Nachteile von Kunststoff nicht sehen wollten – jetzt müssen wir ihnen ins Auge blicken. Mit einem plastikfreien Leben machen wir zunächst einen großen Schritt zurück, um aber in Zukunft mindestens wieder zwei Schritte nach vorne zu machen, denn Holzzahnbürsten, Milchkannen, Trinkflaschen und Stoffbeutel gab es schon in den wilden 1960ern. Der hochgejubelte Kunststoff hatte alles einfach ohne zu fragen ersetzt und still und heimlich das Plastikzeitalter eingeläutet. Mit der Bewegung des plastikfreien Lebens geht es jetzt für uns kurz »back to the roots« und dann umweltbewusst zurück in die Zukunft.

Bevor wir gemeinsam die nächsten Schritte in Richtung eines plastikfreien Lebensstils meistern, möchte ich dir noch etwas Wichtiges mit auf den Weg geben: Der Begriff »plastikfrei« beschreibt das langfristige Ziel, keinen Müll mehr zu hinterlassen, und nicht den überfordernden Kaltstart von 0 auf 100 im Nullkommanichts. Wir versuchen nicht, plastikfrei zu leben, weil Plastik grundsätzlich schlecht ist, sondern weil wir lernen müssen, richtig damit umzugehen. Ich arbeite selbst ja auch noch daran, zu

100 % ohne Plastik zu leben, und ich nehme Tag für Tag neue Hürden, um möglichst plastikfrei zu bleiben. Dieses Buch habe ich ganz bewusst so aufgebaut, dass du auf deinem Weg zu weniger Plastik im Alltag Schritt für Schritt dazulernst, dabei motiviert bleibst und nicht mit Informationen überflutet wirst. Niemand ist perfekt – und sich langsam zu verändern ist zielführender, als gar nichts zu tun.

Und jetzt du …

Für eine einfache Selbstreflexion stelle ich dir nach jeder Lektion ein paar Fragen, die du für dich selbst beantworten kannst, gern auch schriftlich. Um das Kapitel abzuschließen, notiere dir einfach deine Antworten auf die folgenden Fragen:

Was ist eigentlich Plastik?
_____
_____

In welchen Situationen spielt Plastik in deinem Alltag eine besonders große Rolle?
_____
_____

Inwiefern ist Plastik eine Chance und inwiefern ein Problem?
_____
_____

Wie entsorgst du leere Batterien und benutzte Einwegwindeln richtig?
_____
_____

Wir Menschen haben täglich viele Chancen, uns oder etwas zu verändern. In der Theorie könnten also auch wir so vielseitig wie ein Chamäleon sein. Jeden Tag könnten wir mit dem ätzenden Rauchen aufhören, ernsthaft damit beginnen, ein paar Kilogramm abzunehmen, die Steuererklärung angehen oder uns einfach nur klare Ziele für

Durch ein paar simple Gegenstände kannst du unglaublich viel Plastikmüll einsparen.

die Zukunft setzen. Und doch zögern wir häufig – denn Veränderungen sind meist freiwillige Herausforderungen, die natürlich Aufwand bedeuten können. So neigen wir tendenziell eher dazu, alles beim Alten zu belassen. Dabei ist positive Veränderung etwas Wunderbares – man kann eingestaubte Gewohnheiten abschütteln und sich gestärkt zu neuen Abenteuern aufmachen. In unserem Fall mit Einmachgläsern, einer Trinkflasche und Obst- und Gemüsenetzen im Gepäck! Du hast bereits die motivierenden Beweggründe und die langfristige Idee hinter dem plastikfreien Leben kennengelernt; jetzt möchte ich dir die Voraussetzungen für einen ruhigen Start in diesen modernen Lebensstil zeigen. Im Laufe der Zeit wird er dir in Fleisch und Blut übergehen und zur täglichen Routine werden.

Hilfreiche Ausstattung

Ich kann mich noch gut daran erinnern, wie ich ins weitgehend plastikfreie Leben gestartet bin – total überfordert, aber immer mit klarem und motivierendem Ziel vor Augen. Fast wie ein tapsiges Kind, das laufen lernen will, ständig stürzt und immer wieder aufsteht, bis es schließlich läuft. Ich habe die Veränderung nicht nur zugelassen, sondern auch einige Hürden genommen, um sie zu erreichen. Aber der Reihe nach – es ist alles viel einfacher, als es klingt.

Zunächst habe ich mir überlegt, wo ich ganz besonders viel Müll produziere und welche adäquaten Alternativen mir dazu einfallen. Da ich mehr auf Lösungen stehe, als mich über die zu lösenden Probleme zu beschweren, dauerte das gar nicht so lang. Ich habe ganz einfach eine Woche lang meinen persönlichen Plastikmüll, wie Plastikflaschen, Plastiktüten und Käseverpackungen, in einen Pappkarton geworfen und mir dann überlegt, mit welchen Gegenständen ich mir in Zukunft diesen Müll vom Leib halten kann. Die folgenden Dinge sind im Laufe der

Zeit zu einem festen Bestandteil meines Alltags geworden – nicht alles auf einmal, sondern nach und nach.

Trinkflasche

Der Abfallkarton füllte sich langsam mit Einwegflaschen aus Plastik, die Säfte enthalten hatten. Solche Einmalflaschen sind ein großes Problem, da sie nur eine kurze Nutzungsdauer und danach keinen direkt eintauschbaren Wert mehr haben. Wenn ich heute einen Saft kaufe, dann nur in einer Mehrweg-Glasflasche. Mehrwegflaschen sind eine gute Alternative – leider findet man nur in wenigen Ländern ein Pfandsystem wie in Deutschland. Da Wasser aus Plastikflaschen nachgewiesenermaßen schlechter schmeckt, die Flaschen sehr schwer zu tragen und etwa 250-mal teurer sind, bin ich zum Start ins plastikfreie Leben einfach auf Leitungswasser umgestiegen. Bis heute übrigens – und mein Geldbeutel feiert deshalb regelmäßig zusammen mit meinem Rücken eine ausgelassene Party. Der eine ist regelmäßig voll, der andere kann noch locker Limbo tanzen. Leitungswasser fülle ich in meine wiederverwendbare Edelstahltrinkflasche, bevor ich losgehe. Auch unterwegs kann ich mir mit der App Refill ein teilnehmendes Restaurant oder ein kleines Café suchen und die Trinkflasche kostenlos auffüllen lassen.

Jutebeutel

Auch wenn der Verbrauch von Plastiktüten in Deutschland durch die Einführung von Gebühren innerhalb von zwei Jahren von 5,4 auf 2,7 Milliarden geschrumpft ist, benötigt eigentlich niemand eine Plastiktüte. Trotzdem gab es genügend davon bei uns in der Wohnung, als ich ins plastikfreie Leben gestartet bin. Im hintersten Winkel unserer Küche hatten sie sich aufgetürmt, weil wir unsere Einkäufe irgendwie nach Hause transportieren mussten. Die Alternative lag zum Glück auf der Hand und wird ja bereits in jedem Supermarkt angeboten – der stabile und deshalb langlebige Jutebeutel. Den etwas höheren Preis von 1 Euro hat man gegenüber der Plastiktüte für knapp 20 Cent bereits nach fünf Einkäufen wieder drin. Alternativ kann man auch einfach mit einem großen Rucksack oder einem Korb einkaufen gehen. Dazu sollte man vor dem Einkaufen daran denken, irgendetwas zum Transportieren mitzunehmen! Den Jutebeutel kann ich zudem mein ganzes Leben lang wiederverwenden, wenn ich nicht täglich Ziegelsteine, Holzkohle und Motorenteile darin transportiere. Habe ich nicht vor.

 ## Lunchbox

Wer direkt im Restaurant speist oder sich ein belegtes To-go-Brötchen vom Bäcker auf die Hand geben lässt, fährt grundsätzlich plastikfrei. Als ich noch nicht von jedem beliebigen Ort aus arbeiten konnte, erwachte ich jeden Tag im erdrückenden grauen Großraum-Büroalltag. Alles musste schnell gehen, die halbstündige Mittagspause war mehr Stress als Erholung. Deshalb stand regelmäßig ein Hochgeschwindigkeits-Döner-to-go auf der Speisekarte. Eingewickelt in Papier und Alufolie, über den Tresen gehievt in einer handlichen Plastiktüte. Am nächsten Tag gab es Currywurst aus der Plastikschale – ich musste ja für etwas Abwechslung sorgen. Nachdem ich aus diesem Plastik-Albtraum erwacht war, halfen mir Lunchboxen aus Edelstahl dabei, unterwegs Plastikmüll zu vermeiden. Auch wenn ich heute in meinem Büro zu Hause keine klassische Mittagspause mehr habe, in der ich regelmäßig der problematischen Currywurst ins Auge sehen muss, habe ich die Lunchbox unterwegs stets dabei. Wenn ich den Deckel abnehme, lachen mich meine Kartoffeln vom Vortag an. Denn da koche ich einfach etwas mehr und kann dann am nächsten Tag auf stressbedingten Fertigfraß aus der Plastikverpackung verzichten. Zudem kann ich die praktischen Lunchboxen mittlerweile bei vielen Supermärkten und natürlich auch auf dem Wochenmarkt nutzen, um Fleisch und Käse einfüllen zu lassen.

 ## Obst- und Gemüsenetz

Ich esse gerne Champignons, weshalb ich früher zur Gratisplastiktüte beim Obst- und Gemüsestand gegriffen habe, um sie alle beisammenzuhalten. Eben weil diese Tüten kostenlos sind, greift jeder schnell und unbedacht zu. Dieses Verhalten ist einfach zur Gewohnheit geworden. Heute habe ich kleine Obst- und Gemüsenetze aus Baumwolle, die ich zum Einkaufen mitnehme und genauso benutze wie noch vor einiger Zeit die dünnen Plastiktüten. Mit einem kleinen, aber feinen Unterschied: Ich kann sie ewig und für viele weitere kleine Lebensmittel wiederverwenden, wie zum Beispiel Tomaten und Kartoffeln, die sonst einzeln umherfliegen würden.

Einmachglas

Wer Lebensmittel weitgehend lose oder ohne Plastikverpackung kauft, benötigt schützende Behälter für den sicheren Transport, aber auch zur längeren Aufbewahrung. Einmachgläser zum Beispiel, von denen Oma früher schon ganze Armeen in der Speisekammer aufgereiht hatte. Mit den verschließbaren Gläsern kann ich unverpackte Lebensmittel wie Nüsse, Rosinen oder Nudeln also nicht nur plastikfrei einkaufen, sondern auch lagern. Gläser in den Rucksack oder in eine praktische Flaschentasche mit einzelnen Fächern eingeladen und dann ab zum Wochenmarkt. Oder für diejenigen, die das Privileg genießen: ab zum Unverpackt-Laden. Anschließend lassen sich Nudeln, Nüsse & Co. wunderbar lange haltbar und schön anzusehen in den Gläsern lagern.

Mit Lunchbox, Jutebeutel, Einmachglas, Trinkflasche und dem Obst- und Gemüsenetz bin ich in mein plastikfreies Leben gestartet. Diese problemlösende Ausrüstung hilft mir jeden Tag dabei, Plastikmüll zu vermeiden.

An dieser Stelle noch einmal ein wichtiger Hinweis für einen langfristigen Erfolg im Kampf gegen den alltäglichen Kunststoffabfall: Jeder sollte sich in seinem eigenen Tempo in Richtung eines plastikfreien Lebens entwickeln. So vermeiden wir neben dem Kunststoff auch Überforderung und bleiben stets motiviert, um unser Ziel zu erreichen. Denn die Entwicklung zum Leben ohne Kunststoff hängt natürlich nicht nur von so nützlichen Gegenständen wie einer Trinkflasche ab, sondern auch von einer stabilen positiven Einstellung gegenüber dem plastikfreien Lebensstil.

Gefestigte Einstellung

Zehn Kilogramm abnehmen, mit dem Rauchen aufhören oder sich ausschließlich vegan ernähren – wer sich so hohe Ziele steckt, muss auf dem Weg dorthin auch ein paar Steine zur Seite schieben. Menschen, die solche Ziele nach einer Woche ad acta legen, hatten sich den Weg einfach nicht steinig genug vorgestellt. Vielleicht ein bisschen sandig, mit ein paar Stöckchen und Pfützchen. Aber nicht steinig.

Auch der Weg zum plastikfreien Leben ist nicht frei von Hindernisse. Nörgelnde Pessimisten, halb gare Gegenargumente und schräge Sprüche erwarten jeden, der sich für den neuen, smarten Lebensstil entscheidet. Ich beschreibe damit genau die Steine, die auch ich an den Rand schieben musste und die eine echte Herausforderung für meine persönliche Einstellung waren. Denn in Gesprächen mit Leuten, die dem plastikfreien Lebensstil eher pessimistisch gegenüberstanden, bestand ja durchaus die Gefahr für mich, nachzugeben und weiter munter massenhaft Plastikmüll zu produzieren. Doch ich knickte nicht ein, weil ich immer das passende Gegenargument parat hatte. Heute kann ich in solchen Situationen häufig sogar mein Gegenüber vom plastikfreien Lebensstil überzeugen. Hier ein paar der Sprüche, die ich immer wieder zu hören bekomme.

»Plastikfrei ist zu teuer.«

Auch wenn plastikfreie Artikel zum Beispiel aus dem Unverpackt-Laden zunächst einmal etwas teurer sind, gilt das nicht für den gesamten Lebensstil. Denn wer plastikfrei lebt, lebt bewusst und konsumiert deutlich weniger. Fast schon ein bisschen minimalistisch. Es wird also etwas mehr Geld für gesunde und plastikfrei verpackte Lebensmittel ausgegeben, aber dafür auch weniger Überflüssiges gekauft. Unter dem Strich ist das plastikfreie Leben meiner persönlichen Erfahrung nach also sogar günstiger. Ich halte es für wichtig, das Ganze langfristig zu betrachten: Die Anschaffung einer Trinkflasche, eines Jutebeutels oder einer Lunchbox sind zwar kurzfristig kostspielig, allerdings kann man sie dafür auch ein ganzes Leben lang wiederverwenden und zum Beispiel Geld für nicht eingelöstes Flaschenpfand oder gebührenpflichtige Plastiktüten einsparen. Die etwas höheren Kosten in der Anfangsphase sind als Investition in die Zukunft zu betrachten und nicht als belastende Ausgabe.

»Plastikfrei ändert gar nichts.«

Im Gegenteil – nichts zu tun, ändert gar nichts. Um den anfallenden Plastikmüll auf unserer Erde zu reduzieren, muss jeder Einzelne bei sich selbst ansetzen. Wer vorangeht, ist Vorbild, und wer Vorbild ist, färbt auf andere ab. Wer behauptet, dass »plastikfrei nichts ändert«, denkt meiner Meinung nach zu kurzfristig und hat nicht das langfristige gemeinsame Ziel verinnerlicht, unseren Planeten vor Plastikmüll zu schützen und natürliche Ressourcen zu schonen. So bleibt man Teil des Problems, anstatt Teil der Lösung zu werden. Der plastikfreie Lebensstil ist lösungsorientiert, denn er reduziert den persönlichen Plastikmüll und damit auch die Verschwendung des begrenzten Rohstoffs Erdöl für überflüssige Plastikverpackungen, die später größtenteils verbrannt werden.

Da wir zudem bezüglich der Auswirkungen von Kunststoffen in der Nahrungskette auf unsere Gesundheit noch im Dunkeln tappen, rettet uns der plastikfreie Lebensstil womöglich sogar einen Großteil unserer Lebenszeit. Dieses Argument lässt Diskussionen über den Sinn des plastikfreien Lebensstils im Keim ersticken. Ja, wir könnten jetzt anfangen, Plastikmüll zu vermeiden. Aber wenn Forscher dann in 20 Jahren herausfinden, dass Mikroplastik in unserem Essen ungefährlich für uns ist, dann hätten wir völlig umsonst dafür gesorgt, dass unsere Flüsse und Meere sauber sind, Tiere nicht mehr durch umhertreibende Plastikteile verenden und weniger Menschen qualvoll an Krebs sterben. Oh ja – da würden wir uns aber ganz schön ärgern. Ironie aus.

»Plastikfrei ist ja total öko.«

Die Begriffe »Öko« und »Bio« sind leider häufig negativ besetzt, obwohl sie ja eigentlich nur für Umweltbewusstsein stehen. Ich definiere das Leben ohne Plastik als smarten Lebensstil, der unsere Gesellschaft aus dem Plastikzeitalter heraus und hin zu natürlichen Alternativen führt. Da man dadurch Veränderungen bewirkt, werden ziemlich sicher einige mit inhaltslosen Sprüchen um die Ecke kommen und herumnörgeln: »Ey, das ist doch voll öko!« Darauf kann natürlich jeder reagieren, wie er möchte, aber bitte nicht mit konfliktvermeidender Bestätigung. Solche Sprüche können im besten Fall dazu genutzt werden, um dem »Unwissenden« die Vorzüge des plastikfreien Lebens bewusst zu machen.

»Plastikfrei ist gar nicht möglich.«

»Ohne Unverpackt-Laden um die Ecke geht das doch eh nicht«, lese ich oft in den sozialen Medien von Leuten, die schon aufgegeben haben, bevor sie das weitgehend plastikfreie Leben überhaupt ausprobiert haben. Doch es geht, und irgendwann wird auch der Letzte von den Vorzügen dieses Lebensstils Wind bekommen und zum Beispiel den Plastikstrohhalm gegen einen wiederverwendbaren Glasstrohhalm eintauschen. Dabei spielt es keine Rolle, ob man seine Meinung aufgrund einer persönlichen Erfahrung oder wegen eines gesetzlichen Verbots von Einwegplastik geändert hat. Denn mit dem Begriff »plastikfrei« ist nicht die sofortige Umstellung, sondern das langfristige Ziel gemeint.

»Plastikfrei ist nur ein schnell vergehender Trend.«

Selten war ich mir bei etwas so sicher wie in diesem Fall. Das plastikfreie Leben ist meiner Meinung nach bereits heute schon kein Trend mehr. Der Lebensstil hat sich zu einer gefestigten Bewegung gewandelt, die den Kunststoff in den nächsten Jahrzehnten Stück für Stück durch natürliche Materialien ersetzen und unsere Gesellschaft vom Plastikzeitalter in das Naturzeitalter führen wird. Wie auch immer das Zeitalter dann heißen mag – unsere Gesellschaft wird sich in dieser Phase endlich wieder der Natur bewusst sein, weil die Folgen unseres Massenkonsums endlich sichtbar sein werden. Die Verantwortlichen der Plastikindustrie machen sich bereits heute vor Angst in die Hose, wenn sie an die drohenden Verluste in den nächsten Jahrzehnten denken. Anstatt den plastikfreien Lebensstil kleinzureden, sollten die Plastiklobbyisten lieber ihre kostbare Zeit und ihr Geld in die Suche nach einer natürlichen Alternative zu Kunststoff aus Erdöl investieren.

»Du allein änderst gar nichts.«

Den Spruch durfte ich mir in der Anfangsphase meines Umweltschutzprojektes in Serie anhören – ich dachte zwischendurch sogar, dass sich alle abgesprochen hätten. Vielleicht ist auch etwas Wahres daran, doch im Endeffekt muss ich ja auch gar nichts allein ändern. Wer Veränderung in der Welt erreichen will, muss lediglich einen Stein ins Rollen bringen. Mittlerweile ist eine einzigartige Community von Menschen daraus entstanden, die voneinander lernen und gemeinsam das Ziel »plastikfrei« erreichen wollen. Da der plastikfreie Lebensstil also vom Trend zur Bewegung geworden ist, hat sich sogar jetzt schon etwas verändert. Der Satz, dass der Einzelne nichts erreichen kann, gibt jedem Gründer einen unglaublichen Motivationsschub, ist ansonsten aber nur eine schnell dahingesagte Floskel, die man am besten einfach ignoriert.

Plastikfrei-Grundregeln

Neben den Gegenargumenten für die Äußerungen von Pessimisten gebe ich dir eine weitere Waffe gegen solche Störmanöver an die Hand. Vielleicht hast du schon vom Zero-Waste-Lebensstil gehört, bei dem versucht wird, neben Plastik auch alle anderen Arten von Müll zu vermeiden. Die Grundsätze dieses Lebensstils lassen sich

Schon durch wenige Grundregeln ist der neue Lebensstil langfristig erfolgreich.

wunderbar auf das plastikfreie Leben übertragen. Die folgende Liste umfasst meine persönlichen Grundsätze zur Vermeidung von Plastikmüll. Weil sie ein fester Bestandteil meiner Einstellung sind, erleichtern sie mir den plastikfreien Alltag unglaublich.

Ausleihen

Meine Oma erzählt mir oft stolz, wie die Dorfbewohner früher alles miteinander geteilt haben, vom Besen bis zur Milchkanne. Die gemeinsame Nutzung von Dingen geriet dann etwas ins Hintertreffen und erlebt nun durch Carsharing, Foodsharing, Nachbarschaftsportale und viele andere frische Ideen aus der sogenannten Sharing Economy einen zweiten Frühling.

Inwiefern vermeidet das Ausleihen denn jetzt eigentlich Plastikmüll? Brandneue Bücher, Spielekonsolen und bunte Karnevalskostüme sind meist doppelt und dreifach in Plastik verpackt, teuer und möglicherweise gar nicht das, was man erwartet hat. Wer sich Dinge ausleiht, produziert hingegen keinen Plastikmüll, kann Gegenstände günstig testen und sich dann immer noch für eine Neuanschaffung entscheiden, wenn sie notwendig ist. Wenn ich also den neuesten Buchtipp meiner Freundin lesen, einen Playstation-Abend organisieren oder als Pinguin verkleidet mit den Jecken feiern möchte, dann bevorzuge ich einfach das günstige Ausleihen gegenüber dem teuren Neukauf.

Wiederverwenden

Einweg hier, Einweg da. Ob Trinkhalme, Tragetüten, Kaffeebecher oder Gabel und Löffel – wir haben uns angewöhnt, alles nur ein einziges Mal zu benutzen, was aus Plastik ist. Nach ein paar Minuten wandert alles als Plastikmüll in den nächsten bereits überquellenden Mülleimer. Eine Plastiktüte wird durchschnittlich nur 25 Minuten genutzt, vom Supermarkt bis hoch in den dritten Stock der Altbauwohnung. Glasstrohhalme, Stoffbeutel, Porzellantassen und Edelstahlbesteck lösen dieses Dilemma. Denn alles ist abwaschbar, stabil, langfristig wiederverwendbar und produziert deshalb auch keinen Plastikmüll. Man muss diese Dinge nur mitnehmen, wenn man zum Einkaufen um die Ecke oder zum Picknicken in den Park geht.

Hinterfragen

Wir Menschen sind Gewohnheitstiere. Unter unsere guten Gewohnheiten, wie Zuverlässigkeit, Pünktlichkeit oder Hilfsbereitschaft, mischen sich unbeobachtet aber auch ein paar schwarze Schafe. Fehlendes Umweltbewusstsein ist so eins, das gerade beim Shopping oder im Supermarkt für eine Menge Plastikmüll sorgt. Muss es wirklich die Milch aus dem Tetrapack sein, wenn direkt daneben die Milch in der Pfandflasche steht? Kaufe ich die langen Spaghetti in der Plastiktüte oder doch lieber die in der Pappschachtel? Engel links, Teufel rechts – du dazwischen ... Dass Produkte viele weitere Umweltprobleme verursachen, wie zum Beispiel die Rodung der Regenwälder für die Palmölproduktion, verleiht dem plastikfreien Denken und Handeln einen Schuss Extramotivation. Wer zum Beispiel auf die bekannte Nuss-Nugat-Creme mit dem weißen Plastikdeckel steht, fördert die beiden Probleme mit dem Kauf eines einzigen Produktes. Das Hinterfragen des eigenen Kaufverhaltens hilft also ungemein, weiteren Plastikmüll zu vermeiden und auch anderen Umweltproblemen entgegenzuwirken. »Benötige ich dieses Produkt wirklich oder komme ich auch ohne es klar?« Indem ich mir diese Frage stelle, bevor ich etwas in den Einkaufskorb lege und zur Kasse schlendere, spare ich bares Geld und vermeide die unnötige Verschwendung von natürlichen Ressourcen.

Ablehnen

Ob der billig produzierte Gratiskuli auf der Messe oder das in Plastik eingewickelte Bonbon in der Fußgängerzone: Wir sagen häufig »ja« zu solchen kostenlosen Angeboten, um schnell wieder unsere Ruhe zu haben. Doch durch das bewusste Ablehnen solcher Gratisangebote können wir ganz einfach Plastikmüll vermeiden. Es gibt aber auch Situationen, in denen wir schon im Vorfeld Plastikmüll ablehnen können: Bei der Bestellung eines Cuba Libre in der Cocktailbar sage ich gleich, dass ich keinen Einwegstrohhalm möchte. Mit etwas Glück hat die Bar sogar wiederverwendbare Strohhalme aus Glas, Bambusholz oder Edelstahl parat oder wird durch meinen Hinweis dazu inspiriert. Ebenfalls im Voraus lehne ich unerwünschte Werbung in meinem Briefkasten ab, indem ich einen rot leuchtenden Aufkleber aufbringe, auf dem in riesigen Buchstaben »KEINE WERBUNG« gedruckt steht. Kein überfüllter Briefkasten, kein Papier- und auch kein Plastikmüll. Ablehnen ist deshalb eine wichtige Grundregel für ein weitgehend plastikfreies Leben.

Reparieren

Die Sohle des Lieblingsschuhs löst sich langsam ab, und es ist an der Zeit, ihn wegzuschmeißen. In unserer westlichen Welt bekommen wir ja alles, was wir wollen, jederzeit und in Lichtgeschwindigkeit ohne großen Aufwand nach Hause geliefert. Dadurch ist überhaupt erst die sogenannte Wegwerfgesellschaft entstanden, die natürliche Ressourcen rücksichtslos verschwendet. Doch bevor ich mich jetzt in Rage schreibe, schnell zurück zu unserem Schuh: Ein Schuhmacher kann die Sohle ebenso schnell und vor allem günstig reparieren. Um die Freude am Reparieren wieder zu entfachen, werden sogenannte Repair-Cafés immer beliebter. Regelmäßig kommen hier Menschen zusammen, um Toaster, Laptops, Schuhe und viele andere Dinge gemeinsam zu reparieren. Das Resultat: weniger Müll, mehr Gemeinschaft.

Umgestalten

Veränderung erreicht man nur, wenn man auch ab und zu den Mund aufmacht. Damit meine ich nicht das zeitverschwenderische Meckern über die unnötige Plastikverpackung eines Artikels, sondern den gezielten und sachlichen Hinweis an den jeweiligen Hersteller. Denn solange Plastikverpackungen nicht gesetzlich verboten werden, kann nur er das Produkt verändern. Mach dir eins klar: Du als Verbraucher kaufst ein Produkt nur, wenn es dir gefällt.

Teile Herstellern die Gründe mit, warum du dich gegen einen Kauf entschieden hast. Ein gewiefter Produzent hat immer ein offenes Ohr für die Meinung seiner Kunden, und so lässt sich die Plastikverpackung eines Produktes im besten Fall auch ändern. Wenn ich eine in Plastikfolie eingewickelte Orange oder vorgeschnittene Tomaten in der Plastikverpackung im Supermarkt sehe, schreibe ich dem Hersteller. Dieser hat häufig Scheuklappen auf, weil er sein unternehmerisches Handeln meist nur auf Profit ausrichtet. Auch wenn der Umweltgedanke von Haus aus also oft gar nicht oder nur marginal vorhanden ist, kann es sich lohnen, den Hersteller auf neue Entwicklungen oder potenzielle Verbesserungen seiner Produkte hinzuweisen. Mit der App Replace Plastic geht das noch einfacher: einfach den Barcode eines Produktes scannen und abwarten. Der Hersteller wird dann ganz automatisch auf eine unnötige Plastikverpackung hingewiesen. Je mehr Menschen die App verwenden, desto schneller werden die Hersteller eines in Plastik verpackten Produktes einsichtig.

Selber machen

Wer auf der langen Suche nach Spülmittel, Zahnpasta oder Deodorants ohne Plastik daran denkt aufzugeben, hat noch eine großartige, plastikfreie Alternative: Do it yourself! So wie man ein tolles Rezept für das nächste Abendessen nachkocht, gibt es auch Anleitungen für selbst gemachte Haushaltsartikel und Kosmetikprodukte. Zutaten wie Natron, Kokosöl oder Zitronensäure sind alle plastikfrei erhältlich und man vermeidet giftige chemische

Inhaltsstoffe, wie zum Beispiel Mikroplastik oder Aluminium. Wer seine Produkte selbst herstellt, kann auch selbst bestimmen, welche Inhaltsstoffe verwendet werden. Do it yourself ist also ein probater Weg, um den Plastikmüll von Spülmittelflaschen, Zahnpastatuben, Deodorants und vielen weiteren Haushalts- und Pflegemitteln zu vermeiden. Wie das geht, erkläre ich dir später.

Ersetzen

Plastik ist nicht grundsätzlich schlecht. Wer eine funktionierende Lunchbox hat, sollte sie nicht einfach wegwerfen, nur weil sie aus Plastik ist. Irgendwann wird diese Box ihren Geist aufgeben, und dann kann sie durch eine plastikfreie Brotdose aus Edelstahl oder gepresstem Reis ausgetauscht werden. Auf diese Weise können nach und nach alle Einwegprodukte durch langlebige Alternativen ohne Plastik ersetzt werden. Waschbare Stofftaschentücher nehmen zum Beispiel langfristig den Platz von Papiertaschentüchern aus der Plastikverpackung ein. Und ein Jutebeutel ersetzt die Plastiktüten für eine sehr, sehr lange Zeit.

Recyceln

So mancher kommt zwar auch noch auf kreative Upcycling-Ideen und verwandelt Einwegflaschen aus Plastik zu Stifthaltern für den Schreibtisch oder zu kleinen Blumenkästen. Ein Kieler Start-up hat zum Beispiel alte, abgenutzte LKW-Planen zu einzigartigen Tragetaschen upgecycelt. Doch wenn keiner der genannten Grundsätze den Plastikmüll verhindern konnte, schafft Recycling Abhilfe.

Damit die Rohstoffe optimal wiederverwertet werden können, ist eine konsequente und richtige Mülltrennung notwendig. Wer seine Einwegflaschen aus Plastik in den gelben Sack wirft, den Einwegrasierer in der Restmülltonne entsorgt und leere Batterien wieder beim Verkäufer abgibt, macht so das Beste aus dem entstandenen Müll.

Einfache Alternativen für den plastikfreien Alltag

Mit den wiederverwendbaren Trinkflaschen, Jutebeuteln und Lunchboxen hast du die Grundausstattung für das plastikfreie Einkaufen bereits kennengelernt. Doch in der Tiefe unserer Konsumgesellschaft lauern viele weite-

Bambustrinkhalme sind zum Beispiel eine nachhaltige Alternative für den Trinkhalm aus Plastik.

re vermeidbare Gefahren, durch die wieder etwas mehr Plastikmüll in deinen gelben Sack wandern könnte. Wie gesagt – könnte. Denn wenn wir unsere grauen Zellen reaktivieren, dann finden wir heute für alles eine plastikfreie Alternative. Hier stelle ich dir einige Alternativen vor, die du nach und nach in deinen Alltag integrieren kannst.

Strohhalme

So klein Plastikstrohhalme auch sein mögen, es geht leider auch eine große Gefahr für Tiere am Land und im Meer von den unscheinbaren Röhrchen aus. Wer in einer Stunde die meisten Strohhalme findet, hat gewonnen – eine solche Challenge kann man an einem der vielen vermüllten Strände dieser Welt ohne Probleme starten, und der Gewinner würde, wirklich nicht unwahrscheinlich, etwa 200 Plastiktrinkhalme in den Händen halten. Es ist völlig egal, ob ich den Strohhalm in Berlin in die Spree werfe und er dann indirekt von Havel und Elbe bis in die Nordsee transportiert wird oder ob ein Kokosmilch schlürfendes Pärchen seine Strohhalme direkt am Strand liegen lässt. Die gefährlichen Plastikstrohhalme kommen von überall und sind doch eigentlich so einfach zu ersetzen wie fast kein anderer Plastikgegenstand. Wiederverwendbare Trinkhalme aus Glas, Bambusholz, Edelstahl und essbare Strohhalme aus Makkaroni-Nudeln oder gepressten Fruchtresten warten darauf, genutzt zu werden. Auch Papierstrohhalme sind notfalls eine Alternative, nur leider keine wiederverwendbare. Und dann gibt es noch eine richtig gute, weil logische Lösung: der komplette

Verzicht auf einen Strohhalm. Ganz unter uns: Eigentlich ist der Strohhalm nur eine überflüssige Angewohnheit, die wir jederzeit abschütteln könnten.

Lufterfrischer

Muffige Schuhe, verwesender Biomüll oder der unerträgliche Gestank nach einem Toilettengang – jeder kennt solche Gerüche und würde gern darauf verzichten. Um den Geruch zu übertünchen, wird seit Jahrzehnten in unzähligen Haushalten auf eine Dose Lufterfrischer aus Plastik gedrückt, der den Raum für kurze Zeit wie eine Sommerwiese nach dem ersten Morgentau duften lässt. Too much? Ja, für mich auch. Denn durch die künstlichen Lufterfrischer wird die Raumluft nur kurz parfümiert, der unangenehme Geruch verschwindet aber nicht. Auf der Suche nach einer natürlichen Alternative für diese kurzlebigen Plastikmüll-Lufterfrischer bin ich auf Bambus-Aktivkohle gestoßen. Die luftreinigende Kohle wirkt bereits seit vielen Jahren in den Lüftungsanlagen von Autos, in Atemschutzmasken oder in Dunstabzugshauben gegen unerwünschte Gerüche, Staub und giftige Chemikalien. Seit einiger Zeit befinden sich deshalb plastikfreie Aktivkohle-Säckchen mit jeweils 200 Gramm Kohle in meinem Kleiderschrank, im Bad, in der Küche und auf meinen Schuhen und funktionieren einwandfrei. Die Anwendung ist genauso einfach wie ein Druck auf den Plastiklufterfrischer. Einfach in der unangenehm riechenden Umgebung platzieren, ein paar Wochen wirken lassen, dann nach draußen in die Sonne legen und anschließend geht's zum nächsten Einsatzgebiet. Bei Wärme gibt die Aktivkohle aufgenommene Gerüche ab. Das sollte im Idealfall natürlich außerhalb der Wohnung passieren.

Zahnbürste

In Südostasien ist es seit Jahrhunderten üblich, seine Morgentoilette am Strand zu erledigen. Mit dem Ergebnis, dass vielerorts Zahnbürsten und ihre Verpackungen herumliegen. Doch Plastikzahnbürsten aus Plastikverpackungen haben ausgedient. Seit ich die ideale Alternative selbst vertreibe, bestätigt sich diese Erkenntnis für mich jeden Tag aufs Neue. Eine altbekannte Form der Zahnbürste ist wieder auf der Überholspur, nämlich plastikfrei verpackte Holzzahnbürsten aus schnell nachwachsendem Bambus- oder regionalem Buchenholz. Die Borsten werden zum Beispiel aus Holzkohle, Rizinusöl oder einem biologischen Kunststoff hergestellt und erzielen die gleiche Wirkung wie herkömmliche Zahnbürsten. Meine Oma hat mich vor zwei Jahren auf den Vertrieb von Holzzahnbürsten als plastikfreie Alternative für Plastikzahnbürsten gebracht. Sie erzählte mir, dass sie sich in den 1950ern die Zähne mit einer Holzzahnbürste putzte. Zu diesem Zeitpunkt steckte die Entwicklung des Kunststoffs noch in den Kinderschuhen. Die Holzzahnbürste ist ein wunderbares Beispiel dafür, dass wir mit dem plastikfreien Lebensstil einen wichtigen Schritt zurück zu unseren Wurzeln machen, um dann wieder einige feste, bewusste Schritte nach vorn zu gehen.

Duschgel & Shampoo

Realistisch betrachtet, verbrauchen wir etwa alle vier Wochen ein Duschgel und ein Shampoo – im Jahr bekommen wir damit also etwa 26 Flaschen Plastikmüll zusammen. Doch da viele Hersteller Mikroplastik zur Streckung der Flüssigkeiten nutzen, ist das noch nicht der gesamte Kunststoff, den wir durch das Duschen verbrauchen. Wie du weißt, lässt sich Mikroplastik in den Kläranlagen sehr schwer bis gar nicht herausfiltern und macht sich deshalb direkt auf die Reise in Richtung Meer. In einigen Shampoos wurde genügend Mikroplastik gefunden, um ein halbes Reagenzglas damit zu füllen. Was ist die Alternative? Ich habe mir einfach Dusch- und Haarseife am Stück im Unverpackt-Laden besorgt. Diese Stückseifen gibt es aber neuerdings auch schon in den bekannten Drogeriemärkten. Schäumt gut, riecht gut. Im Vergleich zu herkömmlichen Shampoos und Duschgels wird Stückseife meist plastikfrei verpackt und besteht aus natürlichen Zutaten, wie zum Beispiel Olivenöl, Lorbeeröl oder Mandelöl. Kein Mikroplastik, keine Plastikverpackung – schon haben wir eine natürliche Alternative für den duftenden Schaum aus der Plastikflasche gefunden. Außerdem gibt es auch die großartige No-Poo-Methode, bei der einfach vollständig auf Duschschaum verzichtet wird. Das natürliche Sebum in unseren Haaren ist in der Lage, die Aufgabe eines Shampoos zu übernehmen, nämlich den Haaransatz zu entfetten und die Haarspitzen zu pflegen. Nach einer kurzen Umgewöhnungszeit und durch geschicktes Kämmen ist das Haar dann frei von Silikonen und anderen belastenden Stoffen, die in herkömmlichen Shampoos schlummern.

 **Frischhaltefolie**

Um Weichkäse, Brot oder angeschnittenes Obst möglichst lange frisch zu halten, gibt es die Frischhaltefolie aus Plastik. Grundsätzlich ist das ein lobenswerter Ansatz gegen die Lebensmittelverschwendung. Es gibt nur ein Problem mit der dünnen, flexiblen Frischhaltefolie: Sie verursacht unglaublich viel Plastikmüll bei meist nur kurzer Einsatzzeit. Deshalb freue ich mich regelmäßig sehr über Bienenwachstücher, denn sie sind eine großartige Alternative ohne Plastik. Bienenwachstücher bestehen aus zertifizierter Baumwolle und Bienenwachs, das häufig durch pflanzliches Wachs ersetzt und dadurch vegan wird. Natürliche Farbstoffe versehen die Plastikfolien-Alternative mit coolen Designs. Durch die Wärme der eigenen Hände schmiegen sich die luftdurchlässigen Bienenwachstücher perfekt an die Form des Käses oder des frischen Erdbeerkuchens an. Wiederverwendbar und plastikfrei ersetzen die Tücher die überflüssige Frischhaltefolie aus Plastik langfristig. Und das Coolste: Die Tücher lassen sich sogar mit einem Stück eines alten Baumwollshirts, etwas Bienenwachs und Sonnenblumenöl mit geringem Aufwand selbst herstellen.

 Küchenhelfer

Wenn wir am Herd stehen, um leckere Pasta zu zaubern, schwingen wir dabei meist einen Kochlöffel aus Plastik. Auch Pfannenwender, Salatbesteck, Lochkelle und viele andere Mitglieder des Küchenhelfer-Ensembles kommen nicht ohne Kunststoff aus. Am Herd besteht leider immer die Gefahr, dass die Küchenhelfer anbrennen und die Giftstoffe des Plastiks durch die Hitze freigesetzt werden. Deshalb bin ich auf langfristig wiederverwendbare, plastikfreie Küchenhelfer aus Holz und Edelstahl umgestiegen. Plastikfrei und ohne Sorgen kredenze ich mir seitdem Pasta, Gemüsepfannen und viele andere Köstlichkeiten. Vom Kochlöffel bis zum Schneebesen bekommt man mittlerweile alle Küchenutensilien ohne Plastik – bei der Verpackung angefangen.

Tücher

Mund abputzen, Nase schnäuzen und Verkleckertes abwischen – Servietten, Taschentücher und Küchentücher sind zwar allesamt aus Papier, nur gibt es sie leider ganz selten ohne die teils doppelte Plastikverpackung. Wer auch hier gut und gerne auf den Plastikmüll verzichten kann, lässt sich ganz einfach wieder einmal von seinen Großeltern inspirieren. Denn diese setzten schon vor mehr als einem halben Jahrhundert auf die plastikfreie Alternative aus Stoff. Stofftücher aus Baumwolle oder Leinen sind waschbar und kochfest. Auch wenn die Nase mal wieder dauerhaft läuft, können Bakterien also einfach beliebig oft herausgewaschen werden. Vier bis fünf Stofftücher kann ich dir deshalb wärmstens empfehlen. Ach, übrigens: Lass dich nicht von dem eingestaubten Image der Stofftaschentücher beirren. Es schaut doch sowieso jeder verschämt zur Seite, wenn sich jemand schnäuzt.

Kaffeekapseln

Im Kaffeetrinkerland Deutschland produzieren wir jährlich so viel Plastikmüll durch Kaffeekapseln, dass wir sie aneinandergereiht einmal um die gesamte Erde legen könnten. Denn die deutschen Kaffeeautomaten verwandeln jedes Jahr knapp zwei Milliarden Kapseln in aromatischen Kaffee und hinterlassen 4.000 Tonnen Müll für die gelbe Tonne. Auch für besessene Kaffeetrinker gibt es nachhaltige und plastikfreie Alternativen. Viele Biomärkte bieten regional geröstete Kaffeebohnen in Papierbeuteln an, die dann zu Hause ganz einfach gefiltert werden können. Auch in Kaffeeröstereien und Kaffeeläden hat man eine hohe Erfolgschance, den Kaffee plastikfrei zu bekommen. Um das Filterpapier und dessen Plastikverpackung einzusparen, ist der Umstieg auf wiederverwendbare Kaffeefilter aus Edelstahl empfehlenswert. Eine weitere, aber vielleicht ungern gehörte Kaffee-Alternative tut sich für diejenigen auf, die sich den morgendlichen Energieschub bei einer kalten Dusche oder einem ebenfalls koffeinhaltigen schwarzen Tee holen.

Und jetzt du ...

Die ersten Schritte in ein möglichst plastikfreies Leben sind getan und die ersten plastikfreien Alternativen gefunden. Wie fühlst du dich? Diesen kurzen Abschnitt möchte ich dir wieder für deine persönliche Selbstreflexion zur Verfügung stellen. Danach können wir gemeinsam und langsam zum nächsten Schritt ansetzen.

Welche Gegenstände für ein plastikfreies Leben hast du bereits und welche möchtest du dir noch besorgen?

_____

_____

Welche wichtigen Grundregeln gibt es, um Plastikmüll im Alltag zu reduzieren?

_____

_____

Jemand sagt: »Plastikfrei ist gar nicht möglich!« Wie reagierst du darauf?

_____

_____

Wie lässt sich Plastikmüll aus Duschgel- und Shampooflaschen vermeiden?

_____

_____

Ob wir Gitarre spielen lernen oder anfangen, Gewicht zu reduzieren – die Zeit bis zum ersten selbst gespielten Song und dem Purzeln der ersten Kilos erfordert hohe Willenskraft. Dann hat man plötzlich das ersehnte Erfolgserlebnis, und die eigene Motivation steigt ins Unermessliche. Nachdem wir die Anfangshürden in Richtung Plastikfreiheit bereits gemeinsam erfolgreich genommen haben, sorgen wir jetzt dafür, dass der plastikfreie Lebensstil durch hilfreiche Routinen fest verankert wird.

Dinge, die wir regelmäßig wiederholen, werden mit der Zeit selbstverständlich für uns. Das gilt auch für das plastikfreie Leben: Indem wir zum Beispiel lernen, welche Produkte wir wo ohne Plastik einkaufen und wie wir auch unterwegs plastikfrei bleiben können, erzeugen wir Selbstverständlichkeiten. Wir kennen die besten Anlaufstellen und manchmal schießen uns auch blitzartig neue, plastikmüllvermeidende Ideen ins Gehirn. Denn weil wir ständig auf der Suche nach plastikfreien Alternativen sind, fördern wir ganz automatisch auch unsere Kreativität. Wie bekommen wir Konfetti ohne Verpackungsmüll? Ganz einfach: Wir nehmen die Reste aus unserem Locher oder stanzen natürliches Konfetti aus bunten Laubblättern. Boom, Party! Solche Ideen sind weder kindisch noch durchgeknallt – sie bestätigen einfach nur, dass man in der Lage ist, schnell kreative Lösungen für ein bestehendes Problem zu finden. Und routinierte Kreativität ist meist auch die Lösung, um plastikfreie Alternativen zu finden. So wird es für uns nach nur wenigen plastikfreien Einkäufen selbstverständlich, den Joghurt im Pfandglas dem Plastikjoghurt und die Nudeln in der Pappschachtel der knisternden Packung vorzuziehen. Lebensmittel in Gläsern, Papier oder gänzlich unverpackt sind einige der gängigsten Alternativen.

Plastikfrei einkaufen

Viele Lebensmittel werden vorgeschnitten und dann in Plastik verpackt, damit sie schön frisch und saftig bleiben. Wer das hinterfragt, wird schnell feststellen, dass der Apfel am besten schmeckt, wenn man ihn direkt vor dem Verzehr selbst schneidet. Das Gleiche gilt auch für das

Beim Einkaufen entsteht besonders viel Plastikmüll – doch das lässt sich vermeiden.

hart gekochte Ei. Plastikverpackung und Vorarbeit sind nicht nur überflüssig und schlecht für den Geschmack, sie erhöhen auch noch den Produktpreis. Während ein verpackungsfreier Apfel für etwa 0,25 Euro zu haben ist, wurde er in einem österreichischen Supermarkt in geschnittener Form für 1,79 Euro gesichtet. Wir sind freie Konsumenten und entscheiden selbst, ob uns das tatsächlich 1,54 Euro mehr wert ist. Wer zwei gesunde Hände hat, sollte sich meiner Meinung nach das Geld sparen und den Apfel in ein paar Sekunden selbst schneiden. Das ist frischer, günstiger, umweltfreundlicher. Wir merken schnell: In kaum einem Lebensbereich lässt sich so viel Plastik vermeiden wie bei einem Einkauf.

Anlaufstellen

Neben Unverpackt-Läden oder Wochen- und Biomärkten gibt es noch eine ganze Reihe weiterer Anlaufstellen für das plastikfreie Leben. Wer dem Plastik im Alltag Lebewohl sagen möchte, sollte deshalb offen gegenüber neuen Möglichkeiten des plastikfreien Einkaufens sein.

Auf Wochenmärkten bekommt man viele Lebensmittel unverpackt oder in Papier eingepackt.

Entdecke die Geschäfte, in denen zum Beispiel ganz sicher Wurst und Käse in die mitgebrachte Lunchbox gefüllt oder Kaffeebohnen plastikfrei verpackt werden. Im Laufe der Zeit kennt man die besten Anlaufstellen in seinem näheren Umfeld, und vielleicht gibt es auch ein paar Geschäfte, die eher unerwartet plastikfreie Produkte anbieten. Wer mit einem Unverpackt-Laden in seiner Nähe gesegnet ist, kann Nudeln, Nüsse, Toilettenpapier, Spülbürsten, Naturseife und viele andere Artikel regelmäßig vor Ort verpackungsfrei einkaufen. Aber auch wer diesbezüglich etwas weniger Glück hat, muss sich bei den vielen alternativen Einkaufsmöglichkeiten keine grauen Haare wachsen lassen. Angesichts der aktuellen Entwicklung des plastikfreien Lebensstils bin ich überzeugt, dass auch bald in deiner Nähe ein Unverpackt-Laden eröffnen wird. Bis dahin sind zum Beispiel Bauernhöfe eine tolle Anlaufstelle für frische und nachhaltige Erzeugnisse, die garantiert noch keine 15 Flugstunden hinter sich haben. Apropos nachhaltig: In Biomärkten bekommt man natürlich besonders viele Lebensmittel aus heimischem Anbau und meist unverpackt. Auch klassische Supermärkte reagieren mittlerweile auf den Wunsch der Konsumenten nach weniger Verpackungsmüll. So hat eine Kette in Amsterdam schon die erste Gasse im Laden mit plastikfreien Produkten eingerichtet. Plastiktüten werden in vielen Supermärkten gar nicht mehr angeboten, und ab und an verirren sich auch schon mal offene Holzkörbchen mit frischen Pfifferlingen in die großen Supermärkte, die man vielleicht eher auf Wochenmärkten erwartet hätte. Diese gibt es übrigens in fast jeder Stadt und sie sind ein

Mekka für Freunde des verpackungsfreien Konsums, da man sich hier von Trockenfrüchten über Käse, Kartoffeln und Kohl fast alles plastikfrei und günstig in den Jutebeutel legen kann. Echte Geheimtipps sind zum Beispiel ethnische Obst- und Gemüsehändler, Feinkostläden und Teegeschäfte. Dort gibt es jeweils viele lose Lebensmittel, die für kleines Geld verpackungsfrei zu haben sind. Auch das Selbstpflücken von Erdbeeren, Äpfeln und anderen Früchten erlebt einen zweiten Frühling, nachdem es durch das bequeme Einkaufen im Supermarkt in Vergessenheit geraten war.

Einkaufsverhalten

Durch unser Einkaufsverhalten tragen wir in erheblichem Maße zum Plastikmüll bei. Bis heute muss ich kopfschüttelnd an ein merkwürdiges Erlebnis an einer Supermarktkasse denken: Vor mir leerte ein leicht ergrauter Mann

Plastikmüll zu reduzieren heißt auch, sein persönliches Einkaufsverhalten zu verbessern.

seinen Einkaufswagen. Er schien ein echter Fan der Gratistüten für Obst und Gemüse zu sein und dachte wohl, dass sich die Tüten auch für viele andere schöne Dinge eigneten. Und so legte er neben Bananen und Äpfeln auch mit Plastiktüten umwickelte Einwegrasierer, Schokoladetafeln und einen Sechserträger Bier auf das Kassenband. Der Kassierer schien nicht überrascht zu sein, suchte gezielt den Barcode an den Produkten, spannte die Tüte dafür etwas an und scannte routiniert. Scheinbar war dieser Einkauf kein Einzelfall – und zeigt sehr eindrucksvoll, dass wir durch unser Kaufverhalten unter Umständen sehr viel überflüssigen Plastikmüll produzieren. Damit du das nicht tust, lohnt sich vorab ein kurzes Frage-Antwort-Spiel. Stell dir zu Hause die Frage: Was brauche ich wirklich? und überprüfe deinen Kühlschrank und die Küchenregale. Die ehrliche Antwort auf die Frage macht dir ganz schnell klar, was du kaufen solltest. Danach stellst du dir die Frage: Was muss ich mitnehmen, um plastikfrei einzukaufen? Brauchst du einen Jutebeutel, Einmachgläser, Lunchboxen und andere kleine Helfer aus der plastikfreien Grundausstattung? Irgendwann wird das zur Gewohnheit und trägt dazu bei, sowohl Plastikmüll als auch die eigene Lebensmittelverschwendung zu reduzieren.

Plastikfrei unterwegs sein

Schnell, schneller, am schnellsten. Wir haben uns durch den hohen Leistungsdruck in Windeseile zu einer gestressten To-go-Gesellschaft entwickelt. Um unseren Stress im Zaum

Eine wiederverwendbare Trinkflasche macht die Plastikflasche auch unterwegs überflüssig.

zu halten, werden auch schon einmal Abstriche bei Qualität und Nachhaltigkeit des eigenen Konsums gemacht. Ob Käffchen, Mittagessen oder ein kurzer Snack zwischendurch – alles muss bequem und schnell gehen. Supermärkte reagieren auf diesen Trend zur dauerhaften Zeitersparnis und bieten Convenience-Produkte wie geschnittene Äpfel und geschälte Orangen in Plastikumhüllungen an. So hinterlassen wir Berge an Plastikmüll, angefangen vom Weg zur Arbeit, während der Arbeitszeit und in den Pausen. Aber auch unterwegs und auf Reisen werden dem plastikfreien Lebensstil einige Steine in den Weg gelegt.

Plastikfrei arbeiten

Schnell noch auf dem Weg zur Arbeit ein paar Tropfen mittelmäßigen Coffee to go für 5 Euro aus der Papier-Plastik-Kombi getrunken, und mittags gibt's Döner, verpackt in Alufolie, in einer Plastiktüte schwingend ins Büro getragen. Dieses Verhalten attackiert nicht nur unser Portemonnaie und treibt unseren Stresslevel in kaum erträgliche Höhen, sondern erzeugt Plastikmüll ohne Ende. Klingt schrecklich, oder? Aber so sieht leider ein klassischer Arbeitstag in Berlin oder in jeder anderen Großstadt aus. Auch wenn uns die vom Chef vorgegebene To-do-Liste über den Kopf wächst und zu Hause auch noch hungrige Haustiere und neugierige Nachbarn auf uns warten, können wir zumindest unseren persönlichen Plastikmüll ganz in Ruhe reduzieren.

Jede Stunde überfüllen in Deutschland 320.000 To-go-Becher samt Plastikdeckel und Rührstäbchen die Mülleimer. Dabei gibt es doch schon jahrelang Thermo-Mehrwegbecher. Sie halten den Kaffee stundenlang warm, sind ewig wiederverwendbar und häufig ist der Kaffee aus mitgebrachten Behältnissen sogar noch etwas günstiger. Es schadet auch nicht, einfach mal zur Ruhe zu kommen und den Kaffee direkt vor Ort im gemütlichen Café zu trinken. Noch preiswerter ist es, sich den Wachmacher einfach zu Hause vorzukochen und mitzunehmen. Dem überflüssigen Plastikmüll durch Einwegbecher entgegenzuwirken, ist also wirklich unkompliziert. Gleiches gilt übrigens für Plastikflaschen: Wir zücken einfach unsere wiederverwendbare Trinkflasche!

Plastikfrei im Urlaub

Wer nicht gerade in Deutschland, Skandinavien, Estland oder den Niederlanden unterwegs ist, wird in Europa zum aktuellen Zeitpunkt wohl keine Getränkeflaschen mit Pfand kaufen können. Die Länder mit einem funktionierenden Pfandsystem, wie wir es aus Deutschland kennen, kann man nämlich beinahe an einer Hand abzählen. Da wir ohne Wasser nur etwa vier Tage überleben könnten, werden also in fast allen Ländern dieser Erde pfandfreie Plastikflaschen im Sekundentakt aus den Supermarktregalen gezogen. Wenn eine Flasche im indonesischen Bali ausgetrunken wurde, fehlt den Menschen ein direkter Umtauschwert, und die Flasche wird deshalb und auch aus Unwissenheit meist im nächsten Busch entsorgt. Die großen Getränkekonzerne stört das nicht, und so wird wertvolles Wasser aus privatisierten Quellen fleißig weiterverkauft, bis Mensch und Tier allmählich im Müll ersticken.

In Indonesien erkannte ich neben dem Flaschenproblem zahlreiche weitere Müllquellen. Obwohl an manchen Supermarktkassen bereits zeitgemäße Jutebeutel einstaubten und ich meinen Rucksack dabeihatte, musste ich die Mitarbeiter meist lautstark davon abhalten, eine kostenlose Plastiktüte um jeden Apfel auf dem Kassenband zu wickeln. Die Ursache für den Plastiktütenmüll auf Bali ist ein bunter Mix aus Bequemlichkeit, Unwissenheit und Gewohnheit – sowohl aus Konsumenten- als auch aus Regierungssicht. Erste zaghafte Anläufe, die Plastiktüten gänzlich abzuschaffen, scheiterten an den Massen randalierender, wütender Bürger. Zwei balinesische Schülerinnen konnten die Politik nach langem Hin und Her endlich zu einem Plastiktütenverbot bewegen. Ein kleines Fünkchen Hoffnung in einem vermüllten Paradies. Doch das Einwegplastik aus Strohhalmen, Saftpäckchen, Bechern, Bonbonpapier und Besteck erstickt dieses Fünkchen noch im Keim. Es klingt ja fast so, als wäre ein plastikfreier Urlaub unmöglich – doch im Austausch mit Gleichgesinnten bin ich nicht nur in Indonesien auf großartige Alternativen ohne den verheerenden Plastikmüll gestoßen.

Die wiederverwendbare Trinkflasche, die meine Riege der plastikfreien Grundausstattung anführt, ist natürlich auch auf meinen Reisen dabei. Schon zwischen Gepäckkontrolle und Einstieg in den Flieger fülle ich sie mir mit kostenlosem Trinkwasser aus dem Flughafen auf. Die größte Herausforderung tat sich dann natürlich ab dem ersten Tag in Indonesien auf, da Wasser aus der Leitung dort ungenießbar ist. Woher bekomme ich also genießbares Wasser ohne pfandfreie Plastikflasche? Nach kurzer und erfolgreicher Recherche nutzte ich die balinesische App Refill Bali, die mir, wie sein deutsches Pendant, alle kostenlosen Auffüllstationen in der Umgebung präsentierte. Es machte ab diesem Zeitpunkt keinen Unterschied mehr, ob ich mich für Aufräumaktionen im Surfer-Paradies Canggu, im touristischen Ubud oder im vulkanischen Amed befand – ich bekam kostenloses Wasser für meine Trinkflasche in Bäckereien, Restaurants und anderen teilnehmenden Geschäften. Und in den Ländern, in denen Refill sich noch nicht durchgesetzt hat, setzte ich bei meiner Unterkunftswahl auf Wohnungen mit Wasserfilter. Plastiktüten sind überall auf der Welt überflüssig – wie auch in Deutschland ersetzte ich sie plastikfrei durch Jutebeutel und Rucksack. Die beiden mächtigsten Plastikmüllproduzenten hatte ich also zügig aus dem Weg geräumt. Weiteren Müll konnte ich mit durch höfliches Ablehnen und einfachen Verzicht vermeiden. Die Sätze »Für mich bitte ohne Strohhalm«, »Nein danke, ich möchte kein Wasser aus dem Plastikbecher« und Gedanken wie »Nein, ich achte auf meine schlanke Linie und verzichte auf die Chips aus der Plastiktüte« entwickelten sich von der Probe zur Routine. Ein plastikfreier Urlaub in Entwicklungsländern wie Indonesien ist also wirklich leichter, als es scheint. Auch hier müssen wir einfach nur ein paar eingefahrene Gewohnheiten an den Nagel hängen und uns dem zeitgemäßen neuen Lebensstil ohne bzw. mit weniger Plastikmüll öffnen.

Natürliche Kleidung

Wer Shirts, Hosen und Kleider im Internet bestellt, bekommt sie schon kurze Zeit später in Plastikfolien nach Hause geschickt. Auch im lokalen Geschäft wird die Ware meist noch in eine kostenlose Plastiktüte gesteckt. Leider sind es aber nicht nur die Verpackungen unserer Kleidung, die Plastikmüll provozieren. Ein Blick auf die vielen kleinen Zettelchen in den eigenen Klamotten lassen keine Zweifel offen. Polyester, Nylon, Polyacryl – auch unsere Klei-

Auch unsere Kleidung besteht in der Regel aus Plastik.

dung besteht aus Kunststoff. Kleine, dünne Plastikfasern durchsetzen den Großteil unserer im Schrank hängenden Shirts, Pullover, Hosen und Tops. So wie die Einkaufstüte werden auch diese kleinen Fasern aus destilliertem Erdöl hergestellt – insgesamt 42 Millionen Tonnen pro Jahr. Die aus dem Ruder geratene Modeindustrie sorgt mit kurzlebiger und unter lebensbedrohlichen Bedingungen massenhaft und billig produzierter Kleidung dafür, dass der Verbrauch weiter steigt. Mit jedem Waschgang lösen sich etwa 3.000 Plastikteilchen von wärmenden Fleecepullovern, schicken Hemden und temperaturregulierenden Funktionsshirts, um durch die Flüsse in Richtung Meer zu treiben. Weder Waschmaschinen noch Kläranlagen können sie bremsen. Und wenn Mikroplastik einmal nicht aus unseren Haushalten kommt, bröselt es über Jahrzehnte von verlorenen, im Meer herumtreibenden Kleidungsstücken ab. Dass etwa 35 % des Mikroplastiks in unseren Ozeanen aus synthetischer Kleidung stammen, ist also nicht weiter verwunderlich.

Durch überflüssige Verpackungsfolien, unzählige Waschgänge und in der Natur entsorgte Shirts verursachen wir als Folge unseres Textilkonsumwahns also auch Plastikmüll ohne Ende. Doch welche plastikfreien Alternativen bieten sich uns überhaupt? Haben wir eine Wahl? Zäumen wir das Pferd doch einfach einmal von hinten auf.

Auf den Müll durch die dünnen Verpackungsfolien können wir getrost verzichten, indem wir vor Ort in Modegeschäften oder in nachhaltigen Onlineshops einkaufen. Um natürliche Ressourcen zu schonen, ist auch das Shoppen von Mode aus zweiter Hand mehr als eine Alternative. In beliebten Onlineportalen wie Kleiderkreisel dreht sich günstige, aber großartige Mode von einem Kleiderschrank in den nächsten. Dass du die Plastiktüte an der Kasse mit einem Jutebeutel oder einem über die Schultern geworfenen Rucksack überflüssig machst, brauche ich nur noch beiläufig zu erwähnen. Bye-bye, Verpackungsmüll vom Kleidungskauf.

Jetzt knöpfen wir uns unsere Wäsche und die wirbelnden Waschgänge vor, die bei jeder Umdrehung Plastikfasern aus den Textilien ins Meer strudeln lassen. Wer die gesamte Wäsche in ein eigens zur Vermeidung von Mikroplastik im Meer produziertes Wäschenetz namens Guppyfriend legt, bremst die losgelösten Textilfasern aus. Nach der Wäsche kann man die Fasern per Hand aus dem Beutel nehmen und im Restmüll entsorgen. Es funktioniert – eine Garantie dafür, dass alle Fasern im Netz hängen bleiben, gibt es aber nicht. Ich wünsche mir, dass Waschmaschinenhersteller gesetzlich dazu verpflichtet werden, neue Geräte mit Mikroplastikfiltern auszustatten. Die beste Alternative für das Problem mit dem Miniplastik ist der Umstieg auf nachhaltige, ethisch-saubere, faire Kleidung aus Naturmaterialien, wie zum Beispiel biologische Baumwolle, Holzfasern, Hanf, Leinen oder Wildseide. Dass Naturmode immer noch ein altmodisches »Ist ja voll öko«-Image hat, muss dringend überholt werden. Denn heute können wir ein ökologisches Shirt sowohl optisch als auch vom Tragekomfort her im Grunde nicht mehr von einem konventionellen Shirt unterscheiden. Der einzige, aber sehr willkommene Unterschied neben den fairen Herstellungsbedingungen: Die natürliche Mode erspart uns den ins Meer gespülten Kunststoff. Und sollte ein plastikfreies Shirt ins Meer geraten, wird es sich innerhalb von fünf bis sieben Monaten durch Wind und Wetter vollständig in seine abbaubaren Einzelteile zersetzt haben.

Es gibt also Alternativen, und wir sollten unser Herz für natürliche Kleidung öffnen und bereit sein, Neues auszuprobieren. Auch der minimalistische Kleiderschrank spielt bei der Müllvermeidung eine große Rolle – es sollten nur die Dinge darin sein, die du auch wirklich trägst. Den Rest kannst du verkaufen oder verschenken und folgerichtig zukünftig noch sinnvoller shoppen.

Alternativen für Fortgeschrittene

Da sich die Basics des plastikfreien Lebens bereits Tag für Tag mehr in deiner persönlichen Einstellung etablieren, kannst du deinen Wissensstand über das Vermeiden von Plastikmüll als fortgeschritten bezeichnen. Cool, oder? Um eine Schleife um dieses Status-Update zu machen, zeige ich dir jetzt noch weitere Alternativen zu alltäglichen Plastikartikeln.

Loser Tee in Kombination mit einem Edelstahlfilter hilft dabei, Plastikmüll zu vermeiden.

 ## Sportgeräte

Jedes Jahr rennen 10,6 Millionen Deutsche in Fitnessstudios, um überflüssige Kalorien und auch viel Geld in den ungenutzten Monaten der Abo-Fallen zu verbrennen. Ich trainiere deshalb einfach mit meinem 79-Kilogramm-Körpergewicht und benötige dafür nur eine Sportmatte und stabile Liegestützgriffe. Die Suche nach einer plastikfreien Alternative für die typischen Kunststoff-Fitnessmatten und die wackeligen Plastikgriffe für Push-ups hat glücklicherweise nicht lang gedauert. Seither benutze ich eine plastikfreie, geruchsneutrale Fitnessmatte aus Kork und handgemachte plastikfreie Griffe für Liegestütze von meinem guten Freund Georg, die er mit Edelkraft in Deutschland mit viel Liebe produziert. Ich kann mir nicht im Traum vorstellen, dass diese massiven Griffe aus Buchenholz jemals das Zeitliche segnen. Mit meiner wiederverwendbaren Trinkflasche runde ich das Plastikfrei-Ensemble ab und kann draußen in den schönen Parks von Berlin mit anderen motivierten Leuten trainieren. Und das ganz ohne Plastik und dazu auch noch ohne Geld für ein Fitnessstudio auszugeben.

Spülbürsten

Schnell fettig, platt gedrückt und unansehnlich – Spülbürsten sind für unseren Abwasch notwendig, aber nicht besonders langlebig. Um vorhersehbaren Plastikmüll aus abgenutzten Plastikspülbürsten und deren Plastikverpackung zu verhindern, bin ich einfach auf Spülbürsten aus Buchenholz und Edelstahl sowie Fibreborsten umgestiegen. Fibre ist eine natürliche Agavenfaser, die aus den Blattrippen der in Mexiko heimischen Pflanze gewonnen wird. Eine weitere plastikfreie, aber leider nicht vegane

Alternative sind Spülbürsten mit Rosshaar. In ihrer Anwendung gibt es zwischen Plastik- und Holzspülbürsten keinen Unterschied, doch Optik und Nachhaltigkeit küren die plastikfreien Spülbürsten zum Sieger.

 ## Sparschäler

Früher habe ich schon bei Mama in der Küche Karotten und selbst angebauten Spargel mit dem Sparschäler aus Plastik geschält. Im Gespräch mit meiner Oma ergab sich allerdings, dass sie in den 1950ern mit einem Sparschäler aus Edelstahl Obst und Gemüse schälte. Sparschäler aus Edelstahl bekommen wir auch heute noch in vielen Unverpackt-Läden, in Haushaltswarengeschäften und natürlich im Internet.

 ## Flaschenbürste

Auch wiederverwendbare Trinkflaschen sollten regelmäßig gereinigt werden, damit sich keine hartnäckigen Ablagerungen an der Innenseite sowie unangenehme Gerüche bilden. Häufig sind die Reinigungsbürsten für Trinkflaschen leider noch gänzlich aus Plastik, weshalb ich einfach auf die plastikfreie, aber genauso flexible Alternative aus Buchenholz, Edelstahl und Rosshaar umgestiegen bin. Es lassen sich aber durchaus auch Flaschenbürsten aus Holz mit Agavenfasern finden. Für das langfristig gesunde und mundhygienische Trinken aus der wiederverwendbaren Flasche ist die Flaschenbürste ein unverzichtbarer und treuer Begleiter.

 ## Teefilter

Der Tee aus den selten plastikfreien, aber klassischen Teebeuteln am Bändchen hat so langsam ausgedient. Offener Tee aus Papiertüten, wie man sie zum Beispiel in Teeläden bekommt, werden immer beliebter. Die Teeblätter werden in Teefilter aus Papier oder Edelstahl gefüllt und diese in die Teekanne mit dem heißen Wasser gehängt. So gelingt der gesunde Tee gänzlich ohne Plastikmüll und bewahrt dich auch bei der Entsorgung davor, herausfinden zu müssen, ob der Teebeutel denn tatsächlich Plastik enthält oder nicht.

 ## Wattestäbchen

Kannst du dir vorstellen, dass ein kleines Seepferdchen mit einem Plastikwattestäbchen bewaffnet durch den Ozean hüpft? Dieses surreale Bild wurde tatsächlich so festgehalten und in den sozialen Medien rund um den Globus geteilt. Das Medienecho hat der Plastikfrei-Bewegung weiteren Schwung verliehen. Jahrelang haben wir unsere Ohren mit blauen oder fliederfarbenen Plastikstäbchen gereinigt, doch im Laufe der Zeit erfreute sich eine plastikfreie Alternative steigender Beliebtheit: das Wattestäbchen aus Bambus und Baumwolle in der Papierverpackung. Heute bekommt man die Wattestäbchen in jedem Unverpackt-Laden und in vielen Biomärkten oder mittlerweile auch bei Drogeriemärkten.

Zahnpasta

Zahnpasta enthält häufig gefährliche Inhaltsstoffe, wie das in den USA verbotene Triclosan, Aspartam und sogar Mikroplastik. Zusätzlich bilden die schnell geleerten Zahnpastatuben sehr viel Plastikmüll im Abfallkorb des Badezimmers. In Unverpackt-Läden gibt es zum Glück mit Zahnputztabletten eine schadstoff- und plastikfreie Alternative im Papierbeutel oder im Schraubglas. Was sich zunächst etwas ungewöhnlich anhört, ist ganz einfach nur Zahnpasta in Tablettenform. Eine Tablette im Mund auflösen und mit etwas weniger Schaum als gewohnt losputzen. Die Umgewöhnungszeit hält sich in Grenzen. Wer auf do it yourself steht und gerne neue Dinge ausprobiert, kann auch einfach eine Zahnpasta selbst herstellen. Dafür braucht es nur Kokosöl und Natron für eine gründliche Reinigung, natürlichen Birkenzucker für den guten Geschmack und etwas Kurkumapulver für weiße Zähne. Wer zum Beispiel Minz- oder Zitronengeschmack favorisiert, kann zusätzlich ein paar Tropfen ätherisches Öl hinzumischen. Im Expertenkapitel erkläre ich dir die Zubereitung.

Einwegrasierer

Ich erinnere mich noch gut daran, wie die Klingen des billigen Einwegrasierers früher über meine Gesichtshaut fuhren. Auch wenn ich die Plastikrasierer mehr als einmal verwendete, landete doch einer nach dem anderen schon nach kurzer Zeit im Plastikmüll. Heute nutze ich nur noch meinen langlebigen Elektrorasierer und komme damit bestens zurecht. Da der Rasierer zum Teil aus Plastik besteht, er aber bei guter Pflege eine Ewigkeit funktioniert, bin ich bei dieser Entscheidung einen Kompromiss eingegangen. Zur Erinnerung: Plastik ist nicht grundsätzlich schlecht. Für Fans der Nassrasur empfehlen sich Rasiermesser oder Rasierhobel aus Edelstahl. Während das übungsbedürftige Rasieren mit dem Rasiermesser absolut keinen Müll produziert, streicht der Rasierhobel bei der Nassrasur mit den austauschbaren Stahlklingen wie beim Einwegrasierer über die Haut. Auch eine dauerhafte Haarentfernung kann eine stressfreie Alternative für das Rasieren mit dem Einwegrasierer aus der Plastikverpackung sein. Mittels schmerzarmer Lichtimpulse werden zum Beispiel die Haarwurzeln unter den Achseln verödet, sodass keine weiteren Haare sprießen und das Rasieren dort überflüssig wird.

Und jetzt du ...

Super! Der nächste große Schritt in Richtung des plastikfreien Alltags ist geschafft, du kannst wirklich stolz auf dich sein. Auch dieses Kapitel möchte ich wieder durch Fragen gemeinsam mit dir rekapitulieren. Notiere deine Antworten so ehrlich, wie sie dir zuerst in den Kopf kommen.

Wo in deiner Nähe kannst du Lebensmittel plastikfrei kaufen?

_____

_____

Welche Alternativen gibt es für Plastikverpackungen?

_____

_____

Mit welchen beiden Fragen bereitest du dich optimal auf einen möglichst plastikfreien Einkauf vor?

_____

_____

Welche Möglichkeiten hast du, unterwegs plastikfrei zu bleiben?

_____

_____

Auch wenn meine Finger gerade auf einer Plastiktastatur tippen, merke ich, wie ich mich in den letzten beiden Jahren persönlich weiterentwickelt habe, um Plastikmüll zu vermeiden. Ich weiß, wann Plastik sinnvoll ist und wann ich gut darauf verzichten kann. Mit jeder Zeile dieses Buches möchte ich auch deine Entwicklung Schritt für Schritt fördern. Wir befinden uns nun schon im abschließenden Kapitel – richtig gehört! Das ist schon der letzte der vier Schritte in Richtung plastikfreieres Leben. Danach kannst du dich, auch ganz ohne Augenzwinkern, »Plastikfrei-Experte« nennen. Das folgende Kapitel hat aber das Potenzial, dich an einen Punkt zu bringen, an dem dir Gedanken wie »Nein, das geht jetzt echt einen Tick zu weit« oder »Nie im Leben werde ich das machen« durch den Kopf schießen könnten. Möglicherweise. Falls dem so ist, ist das aber kein Grund zur Sorge. Denn wer sich an neue Dinge heranwagt, stößt auch irgendwann einmal an seine Grenzen – doch im Laufe der Zeit wird der Zeitpunkt kommen, an dem du diese Grenze motiviert überschreitest.

Kinder großziehen

Es spielt keine Rolle, ob man schon Kinder hat oder nicht. Aller Voraussicht nach wird der Tag ja irgendwann anbrechen, ab dem Windeln wechseln, Spielzeug suchen und gellendes Babygeschrei zur regelmäßigen Reifeprüfung werden. Eine besondere Herausforderung steht werdenden Eltern aber dann bevor, wenn die Phase von der ersten Einwegwindel bis zur Mathemappe aus Plastik ohne

Auch das Großziehen unserer Kinder ist grundsätzlich ohne Plastik möglich.

den müllproduzierenden und gesundheitsgefährdenden Kunststoff überstanden werden soll. Warum überhaupt? Weichmacher in Plastikteilen nehmen erwiesenermaßen Einfluss auf das Hormonsystem und können besonders bei Kindern zu Entwicklungsstörungen führen. Aber keine Sorge – auch hier finden wir einen plastikfreien Weg. Manchmal bedarf es dafür einfach einer gesunden Portion Kreativität und einer starken inneren Haltung.

 Windeln

Mit den ersten Windeln produzieren die Kleinen auch meist schon den ersten Plastikmüll. Insgesamt sind etwa 5.000 Wegwerfwindeln nötig, bis es ein Neugeborenes endlich aus dem Wickelalter geschafft hat. Das ergäbe eine kilometerlange Plastikmüll-Windelschlange – denn Einwegwindeln bestehen zu mindestens 70 % aus Kunststoff. An den Stränden in Entwicklungsländern wie Indonesien liegen und treiben sie haufenweise herum – und wenn sie nicht eingesammelt werden, verbleiben sie für 500 Jahre in der Umwelt, bis sie sich zu Mikroplastik zersetzt haben. Welche plastikfreien Alternativen haben wir also für die vielen, nur ein einziges Mal genutzten Windeln? Zunächst einmal bietet sich die wiederverwendbare und waschbare Stoffwindel an, die durch die Erfindung des Kunststoffs ins Hintertreffen geraten war und erst jetzt wieder in Mode kommt. Sie wird zum Beispiel aus Biobaumwolle hergestellt und ist undurchlässig, leicht zu waschen und sicher verschließbar. Die weichen Stoffwindeln können durchaus 1.000 Euro der Kosten für Einwegwindeln einsparen und sind deshalb die ideale Windelalternative im Sinne des plastikfreien Lebensstils. Etwas ungewöhnlicher wird es mit der Windelfrei-Methode. Wie der Name schon vermuten lässt, versuchen es die Eltern ganz ohne die gewohnte Windel und stattdessen mit einem scharfen Gespür für den Moment, in dem das Kind dann muss. Das intensiviert die Eltern-Kind-Beziehung ungemein und hilft ebenfalls dabei, einen Bogen um den Plastikmüll aus Einwegwindeln zu machen.

Spielzeug

In Bauklötzen, Gummibällen oder Malstiften schlummern häufig gefährliche Weichmacher, wie zum Beispiel Polyvinylchlorid, besser bekannt als PVC. Damit ein Spielball bei einem Wirkungstreffer nicht gleich eine blutige Platzwunde hervorruft, wurde er mit Weichmachern durchsetzt, die genau das bewirken, was man vom Namen ableiten kann. Wegen ihrer Eigenschaft, Dinge weicher und dehnbarer zu machen, wurden viele der Weichmacher aber zu Recht als gesundheitsgefährdend eingestuft, denn sie können über die Haut aufgenommen werden. Leider gelten viele der dubiosen Kunststoffe als unwesentlich, solange ihr Anteil an einem Produkt 0,1 % nicht übersteigt. Doch die Inhaltsstoffe sind im Fachbegriffe-Dschungel auf den Spielzeugverpackungen nur schwer zu erkennen. Wir werden also nach natürlichen und plastikfreien Spielzeugalternativen suchen. Fündig wird man in den mittlerweile zahlreichen Geschäften und Onlineshops für nachhaltiges Kinderspielzeug. Hier gibt es jede Menge Holzspielzeug ohne schädliche Farben und Lacke und alles auf Wasserbasis. Bei Spielzeug lohnt es sich, auch mal einen Taler mehr aus dem Geldbeutel zu nehmen. Auf Onlineportalen wie MeineSpielzeugkiste.de kauft man ohne Plastikverpackungen ein, und wenn mit zunehmendem Alter andere Dinge interessanter für das Kind werden, kann man die Spielsachen weitergeben. Hier kann man nämlich auch Spielsachen ausleihen, um Kosten und natürliche Ressourcen zu sparen. Ganz im Sinne der Plastikfrei-Grundregeln eben.

 Schulsachen

Ein Federmäppchen, bunte Schnellhefter und Geodreiecke – bekommt man diese Schulsachen überhaupt irgendwo ohne Plastik? Ich erinnere mich ungern daran, wie viele Lineale und Geodreiecke ich in meiner Schulzeit aus gähnender Langeweile zerbrochen habe. Den ganzen Plastikmüll hätte ich bei vergleichbaren Holzprodukten wenigstens vermieden. Auch das Mäppchen wurde immer ranziger und musste ab und an ausgetauscht werden. Heute würde ich deshalb wohl auf eines aus Naturleder zurückgreifen. Die bunten Plastikschnellhefter kann man durch ihre Kompagnons aus Pappe ersetzen. Alternativ können die Schulunterlagen auch gelocht und mit einem stabilen Juteband zusammengebunden werden. Auch bei den Schulsachen gibt es also plastikfreie Alternativen, auch wenn man manchmal die eigene Kreativität aktivieren muss.

Mach's dir selbst

Deodorant mit Aluminium, Zahnpasta mit Triclosan und Peeling mit Mikroplastik – kaum ein Mittel zur Körperpflege kommt ohne bedenkliche Inhaltsstoffe aus. Das Fachbegriffe-Inferno auf der Rückseite der Plastikverpackungen erschwert die Blitzanalyse der Stoffe vor dem Kauf. Doch wir können uns diesen Ärger und den Aufwand auch ganz einfach ersparen. Denn durch nützliche Video-Tutorials oder ausführliche Blogbeiträge können wir unkompliziert und schnell lernen, Dinge wie Deodorant, Zahnpasta und Peeling selbst und ganz ohne schädliche Inhaltsstoffe herzustellen. Ich stelle dir zunächst die natürlichen Wundermittel vor und zeige dann, was man damit anstellen kann.

Es ist gar nicht so schwer, Naturkosmetik selbst herzustellen.

Hilfreiche Hausmittel

Ich möchte dir die hilfreichsten Hausmittel und Eigenkreationen an die Hand geben, um den Plastikmüll der chemischen Haushaltshelfer und Körperpflegeprodukte kreativ zu vermeiden. Du findest die meisten der Hausmittel plastikfrei in Drogeriemärkten, Apotheken, Unverpackt-Läden und natürlich auch in Onlineshops.

NATRON

Seine chemischen Namen NaHCO3 und Natriumhydrogencarbonat klingen erst mal weniger alltagstauglich. Deshalb hat sich die vielseitige Wunderwaffe für Küche, Haushalt und Körperpflege unter der Bezeichnung »Natron« einen großen Namen gemacht. Waschmittel, Toilettenreiniger und Antikatermittel – die Anwendungsgebiete von Natron kennen keine Grenzen, da es reinigend, fettlösend, antibakteriell und geruchsneutralisierend

Eine Vielzahl von Hausmitteln wird dir dabei helfen, Plastikmüll zu vermeiden.

wirkt. So fungiert es in seiner reinen Form zum Beispiel als Teppichreiniger, Zahnpasta und Raumspray. Damit Natron optimal wirkt, wird es einfach mit einem der folgenden hilfreichen Hausmittel kombiniert.

SODA

Eigentlich läuft das weiße Pulver unter der Bezeichnung Na_2CO_3 bzw. Natriumcarbonat, ist aber durch die Verwechslungsgefahr mit Natriumhydrogencarbonat besser bekannt als »Soda« oder »Waschsoda«. Wer die beiden Fachbegriffe vergleicht, findet jedoch den kleinen, aber feinen Unterschied: Natron enthält ein Wasserstoffatom, das bei Soda durch ein zweites Natriumatom ersetzt wurde. Das macht Soda basischer und verleiht ihm noch mehr Power für die Reinigung von Pfannen, Abflüssen oder auch einfach nur als Kalkentferner.

ZITRONENSÄURE

Der eine oder andere mag denken, dass Zitronensäure ausschließlich aus der schönen gelben Frucht gewonnen wird. Dabei enthalten Birnen, Brombeeren und Himbeeren ebenfalls Zitronensäure. Den Namen verdankt das Hausmittel seinem Erfinder Carl Wilhelm Scheele, der 1784 ein bisschen mit Zitronensaft und eben nicht mit Brombeersaft oder Birnensaft experimentierte. Und wir verdanken ihm, dass wir die vielseitige Zitronensäure $C_6H_8O_7$ heute als kräftigen Entkalker, fruchtigen Geschmacksverstärker und sogar als Weichspüler verwenden können.

ESSIGESSENZ

Essigessenz ist Essig mit einem sehr hohen Säuregehalt, wodurch das Hausmittel besonders kalklösend, antibakteriell und desinfizierend wirkt. Seine Reinigungskraft kann zum Beispiel für die Entkalkung der Waschmaschine genutzt werden. Knapp 200 Milliliter Essenz in die Waschmaschine, einen gewöhnlichen Waschgang durchlaufen lassen – und fertig entkalkt! Genauso gut klappt das beim Wasserkocher. Im Zusammenspiel mit Wasser wird Essigessenz übrigens zu Essig und eignet sich deshalb auch für die Körperpflege. Mische dazu Essigessenz und Wasser im Verhältnis 1:4 und lasse das Hausmittel gegen unreine Haut oder störenden Fußpilz kämpfen. Da Essigessenz in reiner Form ätzend ist, entscheide dich bitte dafür, es mit Wasser körperfreundlicher zu machen.

PFLANZENSEIFE

Die körperpflegende Stückseife aus Olivenöl, Mandelöl und weiteren pflanzlichen Zutaten hatten wir schon angesprochen. Die meist plastikfrei verpackten Stücke können aber noch mehr, als nur Haut und Haare natürlich einzuschäumen. Die fettlösende Wirkung einer Olivenölseife kann nämlich auch für ein selbst gemachtes Spül- oder Waschmittel genutzt werden. Da wir die Macht über die Zutaten haben, können wir außerdem auf biologisch nicht abbaubare Tenside, Palmöl und natürlich auch auf die Plastikverpackung des Spülmittels verzichten.

Noch mehr Helfer

Die Liste der nützlichen Alltagshelfer ist damit aber noch längst nicht zu Ende. Auch ätherische Öle, Birkenzucker, Kernseife, Roggenmehl oder Kokosöl stehen bereits in den Startlöchern. Denn wie jeder von uns können auch alle Hausmittel irgendetwas besonders gut. Ätherische Öle und natürlicher Birkenzucker sorgen zum Beispiel für ein

Selbst gemachte Deocreme – fast alles lässt sich mit natürlichen Zutaten selbst herstellen.

gesundes Geschmacksfeuerwerk beim Zähneputzen mit der eigenen Zahnpasta. Vegane Kernseife lässt Pickel verschwinden, natürliches Roggenmehl macht Haare griffiger und das vielseitige Kokosöl glättet zum Beispiel Falten.

Anleitungen zum Selbermachen

Mit Natron, Essigessenz & Co. kennst du nun schon einige der wirksamsten Haushaltswaffen im Kampf gegen den überfüllten gelben Sack. Wenn du diese auf kluge Weise miteinander kombinierst, kannst du auch der ungesunden Zahnpasta aus der Plastiktube oder dem Waschmittel aus der Plastikflasche Lebewohl sagen. Wir verabschieden uns dabei nicht nur von dem vielen Müll, sondern auch von den teils gesundheitsgefährdenden Inhaltsstoffen. Die folgenden Anleitungen zum Nachmachen habe ich selbst akribisch ausprobiert und optimiert, um sie dir nun auf deinem Weg zum Plastikfrei-Experten mitzugeben.

Natürliches Kokosöl eignet sich wunderbar für die selbst gemachte Zahnpasta.

ZAHNPASTA

Zahnputztabletten sind zwar schon eine natürliche und plastikfreie Alternative für den erfrischenden Schaum im Mund beim Zähneputzen, aber wir können unsere Zahnpasta auch einfach selbst herstellen. Ganz ohne Plastikmüll, in gewohnter Form und ausschließlich mit den natürlichen Zutaten, die wir uns wünschen. Was wir suchen, ist eine Zahnpasta, die Zähne und Zahnfleisch perfekt reinigt, Karies und Entzündungen vorbeugt, schnell und einfach herzustellen ist und die im besten Falle auch noch lecker schmeckt. Klingt zunächst einmal unmöglich – ist aber in vielen Badezimmern bereits Routine. Alles was wir für die plastikfreie Zahnpasta brauchen, sind Natron, Kokosöl, Birkenzucker und nach Wunsch auch Kurkumapulver oder ein paar Tropfen ätherisches Öl. Auch die

Zubereitung ist sehr simpel: Dazu einfach flüssiges Kokosöl gemeinsam mit allen gewünschten Zutaten in ein verschließbares Glas geben und unter 23° Celsius lagern. Denn etwa ab dieser Temperatur verflüssigt sich Kokosöl. Mit einem kleinen Löffel kannst du jetzt täglich deine eigene Zahnpasta auf deine Holzzahnbürste auftragen.

Zutaten:
- 2 EL Natron – löst Verfärbungen und schützt den Zahnschmelz
- 4 EL Kokosöl – wirkt antibakteriell und entzündungshemmend
- 1 TL Birkenzucker – schützt vor Karies und versüßt den Geschmack
- 1 Prise Kurkumapulver – sorgt für weiße Zähne
- 10 Tropfen ätherisches Minzöl – erfrischt den Atem

Hinweise:
- Verfärbungen durch Kurkumapulver gehen sehr schwer von der Kleidung ab.
- Über die Notwendigkeit von Fluorid in Zahnpasta fühlen sich Fachleute regelmäßig auf den Zahn. Ersetze Birkenzucker einfach mit fluorierendem Salz, wenn du es in deiner Zahnpasta haben möchtest.

Ein natürliches Deodorant ohne Aluminium und andere Schadstoffe? Kein Problem!

DEODORANT

Ich will mir gar nicht vorstellen, wie viele Deodosen ich meiner Jugend unter meinen Achseln ausgesprüht und dann im gelben Sack entsorgt habe. Plastikmüll ohne Ende und dazu noch die Gefahr für die eigene Gesundheit durch Deodorantien, die unser Lymphsystem verstopfen. Die Folge sind nicht selten ein geschwächtes Immunsystem, schwere Gelenkprobleme bis hin zu Schilddrüsenerkrankungen und Krebs. Also muss auch hier eine plastikfreie und natürliche Alternative her! Ich bin mittlerweile ein treuer Fan von festen Deocremes aus dem Glas, die man auch ganz einfach selbst herstellen kann. Eine Mischung aus Kokosöl, Natron, Kartoffelstärke und nach Belieben auch ätherischen Ölen ist alles, was man dafür braucht. Bringe einfach Natron, Kartoffelstärke und einen Teelöffel flüssiges Kokosöl in ein kleines, verschließbares Glas, um daraus eine Paste zu rühren. Du kannst jetzt langsam zwei weitere Teelöffel Kokosöl und ein paar Tropfen ätherisches Öl hinzugeben, wenn du den Duft magst, bis die gewünschte Konsistenz erreicht ist. Für die Zukunft hast du nun ein natürliches Deo, frei von Plastik und fragwürdigen Schadstoffen.

Zutaten:
- 3 TL Kokosöl – wirkt antibakteriell und stoppt unangenehme Gerüche
- 2 TL Natron – hat eine antibakterielle Wirkung
- 2 TL Kartoffelstärke – dickt die Creme zusätzlich etwas an
- Optional: 5 Tropfen ätherisches Öl deiner Wahl – für einen angenehmen Duft

Hinweise:
- Auch ein Sprühdeo oder ein Roll-on-Deo lassen sich mithilfe leerer Sprühflaschen oder aufgebrauchten Deorollern selbst herstellen.

Mithilfe von pflanzlicher Stückseife kann man sich ein plastikfreies Waschmittel zaubern.

WASCHMITTEL

Egal ob Waschpulver aus dem schnell geleerten Plastikbeutel oder Flüssigwaschmittel aus der riesigen Plastikflasche – die Wäsche ist zwar sauber, aber unter dem Strich hinterlässt man einen riesigen Haufen Plastikmüll. Warum also nicht ein kleines Experiment mit einem selbst gemachten, natürlichen Waschmittel wagen? Dafür sind lediglich geraspelte Olivenölseife, Natron und etwas Wasser notwendig. Für eine angenehme Duftnote eignen sich wieder ätherische Öle. Wenn das Wasser kocht, werden die Seifenflocken dazugegeben. Nachdem sich alles etwas abgekühlt hat, sollten das Natron und die gewünschten Öle untergerührt werden. Die entstandene Eigenkreation kann jetzt einfach in das Fach deiner Waschmaschine gefüllt werden.

Zutaten:
- 30 g geriebene Olivenölseife – schäumt und pflegt die Wäsche
- 4 EL Natron – entfernt unangenehme Gerüche aus der Kleidung
- 700 ml Wasser – macht dein Waschmittel flüssig
- Optional: 10 Tropfen ätherisches Öl deiner Wahl

Hinweise:
- Für Weißwäsche kannst du auch 3 EL Waschsoda statt 4 EL Natron verwenden. Vermeide aber direkten Kontakt mit Waschsoda, um Haut und Schleimhäute zu schützen.
- Kastanien eignen sich durch die darin enthaltenen Saponine ebenfalls perfekt für ein eigenes Waschmittel.

Ein selbst gemachtes Spülmittel ohne Plastik? Mit Pflanzenseife, Natron oder Efeu ist das echt einfach.

SPÜLMITTEL

Genau wie Waschmittel produzieren auch Spülmittel unfassbar viel Verpackungsmüll. Im Jahr 2017 wurden in Deutschland insgesamt 745 Millionen Euro für die chemischen Spülmittel aus der Plastikflasche in allen Farben und Formen ausgegeben. Dabei kann man ein kostengünstiges oder sogar kostenloses und natürliches Mittel zum Spülen ganz einfach selbst machen. Wegen der identischen Zutaten bietet es sich sogar an, das Spülmittel zusammen mit dem Waschmittel herzustellen. Das spart Zeit und selbstverständlich auch Müll. Auch hier wird zunächst die Olivenölseife gerieben und in kochendes Wasser gegeben. Natron und ätherische Öle kommen dazu, sobald die Mischung abgekühlt ist. Anschließend ausgiebig verrühren – fertig.

Zutaten:

- 30 g geriebene Olivenölseife – schäumt und pflegt das Geschirr
- 1 EL Natron – reinigt und entfernt unangenehme Gerüche
- 700 ml Wasser – damit dein Spülmittel flüssig wird
- Optional: 5 Tropfen ätherisches Öl deiner Wahl

Hinweise:

- Aus Efeu lässt sich ein natürliches Spülmittel sogar noch schneller selber machen! Einfach ein paar zerkleinerte Efeublätter in einen Topf mit kochendem Wasser geben und fünf Minuten warten. Dann alles zusammen in ein Einmachglas füllen und ein paar Stunden ziehen und abkühlen lassen. Die Blätter mithilfe eines Siebes entfernen, und fertig ist das schäumende Spülmittel aus Efeu.

Die selbst gemachte Sonnencreme ist plastikfrei und schützt deine Haut sehr gut.

SONNENCREME

Gibt es eine Sonnencreme ohne Plastikverpackung? Wenn du sie selbst machst, auf jeden Fall! Mit unterschiedlichen Mengen natürlicher Zutaten wie Kokosöl und Zinkoxid können wir den Lichtschutzfaktor unserer Sonnencreme flexibel anpassen – denn jeder Hauttyp tickt anders. Auch wenn Kokosöl unsere Haut auf natürliche Weise mit einem Lichtschutzfaktor von etwa 7 schützt, blockt es leider nicht die den Sonnenbrand verursachenden UV-B-Strahlen ab. Das kann allerdings das antiseptische Zinkoxid, das man plastikfrei in der Apotheke bekommt. Aufgrund der kleinen Schwäche von Kokosöl lassen wir dessen Lichtschutzwirkung einfach außen vor. Bei einem Anteil von 20 % Zinkoxid in der Mischung mit Kokosöl ergibt sich ein Lichtschutzfaktor von 20. Ein höherer Anteil an Zinkoxid sollte vermieden werden, da die Sonnencreme sonst eine schwer aufzutragende Paste wird. Bei meiner Creme nutze ich 16 g Kokosöl und 4 g Zinkoxid. Auch wenn das den Lichtschutzfaktor unbeeindruckt lässt, füge ich noch 16 g feuchtigkeitsspendendes Aloe-vera-Gel aus der Glasflasche hinzu, und fertig ist die selbst gemachte Sonnencreme. So lange man regelmäßig nachcremt und nicht stundenlang in der prallen Mittagssonne hockt, bleibt einem der Sonnenbrand erspart.

Zutaten: (Lichtschutzfaktor 20)
- 16 g Kokosöl – bietet einen natürlichen Sonnenschutz
- 4 g Zinkoxid – hilft dabei, den Lichtschutzfaktor flexibel zu variieren
- Optional: 16 g Aloe-vera-Gel – spendet der Haut Feuchtigkeit

Hinweise:
- Olivenöl hat einen natürlichen LSF von 7 und dient als Alternative für Kokosöl.

Ein Schuss Spezialwissen

Glücklicherweise ist es sehr angenehm, überflüssige Dinge wie Plastikrasierer, Plastiktüten und Plastikstrohhalme nach und nach zu ersetzen. Wer aus Überzeugung plastikfrei lebt, lernt einfach jeden Tag dazu, wird kreativer und selbstsicherer. Doch manchmal gerät man in Situationen,

Mit einer Extraportion Willen lässt sich sogar plastikfrei mit dem Flugzeug fliegen.

die einen wirklich auf die Probe stellen. Momente, in denen man schwach werden und wieder zum Kunststofferzeugnis greifen möchte. Mit dem folgenden Spezialwissen, gespickt mit persönlichen Erfahrungswerten, möchte ich dich darauf vorbereiten.

 # Feiern

Entspannte Geburtstagspartys mit der Verwandtschaft, feuchtfröhliche Grillabende mit den besten Freunden oder die zusammenschweißende Boßeltour mit den Kollegen – solche Veranstaltungen machen Spaß, doch wenn die letzten Gäste aus der Tür sind, bleibt meist ein massiver Plastikmüllhaufen aus Besteck, dreckigen Tellern, halb vollen Snackschalen, überall verteilten Kronkorken und zerknickten Strohhalmen zurück. Nicht weniger geknickt bist du selbst beim Anblick der Überbleibsel der Feier und dem Gedanken daran, dass du jetzt alles aufräumen und entsorgen musst. Doch egal ob Gastgeber oder Gast – lässt sich das Müllproblem nicht irgendwie in den Griff bekommen? Aber klar! Eine Grundregel vorab, die in den meisten Fällen erfolgreich ist: Jeder bringt Besteck, Teller, Trinkflaschen, Tassen und andere notwendige Dinge einfach selbst mit, und der Gastgeber sorgt für Essen und Getränke. Natürlich ist das nicht bei jedem Anlass angemessen. Für eine größere Geburtstagsparty gibt es dennoch Alternativen im Überschwang. Gläser aus der eigenen Küche ersetzen billige Plastikbecher, gegessen wird von Porzellantellern und mit Edelstahlbesteck oder es wird besteckfreies Fingerfood serviert. Auf Strohhalme wird verzichtet oder es kommen nur Strohhalme aus Glas, Bambus oder Edelstahl zum Einsatz. Während ich diese Zeilen schreibe, kommt mir das alles sehr selbstverständlich vor – doch das ist es heute leider keineswegs.

Weiter im Text. Damit auch der Einkauf der Lebensmittel plastikfrei funktioniert, sollten Fleisch, Käse & Co. in die mitgebrachte Lunchbox wandern. Getränke kommen aus der Pfandflasche, fertig. Falls Dekoration überhaupt notwendig ist, versuche dein Vorhaben einfach auf Papierdeko oder Selbstgemachtes zu reduzieren. Aus bunten getrockneten Laubblättern kannst du zum Beispiel in ein paar Sekunden mit einem Locher kreatives Konfetti zaubern. Wie mittlerweile gewohnt, kommen wir mit Kreativität immer einen Schritt weiter.

 ## Einfrieren

Frierst du regelmäßig Lebensmittel ein, um sie länger haltbar zu machen oder um sie nicht wegwerfen zu müssen? Um auf Massen an Plastiktüten und Gefrierbeuteln zu verzichten, gibt es ein paar einfache plastikfreie Alternativen. Für alle wässrigen Lebensmittel gilt die Regel, das jeweilige Gefäß nur zu Dreiviertel des Volumens zu füllen, da sich die Flüssigkeit während des Frierens noch ausdehnt. Am besten setzt man die passenden Behälterdeckel erst auf, wenn die Speisen gefroren sind. Und worin kann man Lebensmittel plastikfrei einfrieren? Alternativen finden wir an jeder Ecke: Soßen und andere flüssige Lebensmittel können zum Beispiel in Einmachgläsern, Lunchboxen oder Edelstahl-Eiswürfelformen ganz ohne Plastik in einen festen Zustand versetzt werden. Ein Brotlaib fühlt sich in Papier, Stoffbeuteln oder Wachstüchern wohl. Feste Lebensmittel wie Brot oder Pizza lassen sich sogar lose einfrieren. Je plastikfreier, desto besser.

Fliegen

Wer schon einmal mit dem Flugzeug abgehoben ist, wird jetzt wahrscheinlich vermuten, dass es in diesem Fall keine plastikfreie Alternative gibt. Egal ob eingepfercht im Billigflieger oder in der Horizontalen liegend in der Businessclass, kaum irgendwo anders entsteht in so kurzer Zeit so viel Plastikmüll wie während eines Fluges. Im Stundentakt steuern die Flugbegleiter den Getränkewagen mit einem Turm aus Plastikbechern an meinen Sitzplatz. Doch dabei bleibt es nicht – Pasta, Joghurt, Marmelade, Butter, wirklich jedes Lebensmittel ist in Plastik eingepackt. Hier, noch ein Gratisstrohhalm für Sie. Häufig sind sogar Messer, Gabel und Löffel aus Plastik. Das Schlimmste ist der eingeschweißte Extraschluck Wasser im Plastikbecher. Mehr als überflüssig, wo doch der Getränkewagen sowieso regelmäßig den Weg zu mir findet. Damit einem bei diesem Irrsinn zukünftig nicht der Kragen platzt, stelle ich hier meine plastikfreien Alternativen für den ganzen Plastikmüll im Flieger bereit.

Auf das Wasser aus den Plastikbechern können wir getrost verzichten, indem wir mit einer leeren Trinkflasche durch die Flughafenkontrolle schlendern und sie vor dem Gate mit kostenlosem Wasser füllen. Das Flugpersonal ist meist positiv überrascht von einer mitgebrachten Flasche und auch so freundlich, unterwegs noch einmal Wasser nachzuschenken, bis die Flasche wieder voll ist. Viele wissen nicht, dass man eine Edelstahldose mit eigenem Essen mit in das Flugzeug nehmen darf – das weißt du also spätestens jetzt. Koche dir einfach vor dem Flug ein

Gericht deiner Wahl für den Flug. Im Handgepäck sollten dann noch eine Leinenserviette, ein Stofftaschentuch, eigene Kopfhörer und im besten Falle auch eine Holzzahnbürste liegen. Denn wenn der Flug plötzlich deutliche Verspätung hat, aber die Kulturtasche schon im auf die Verladung wartenden und deshalb unerreichbaren Koffer liegt, zahlt sich auch Letzteres garantiert aus. Merkt man, dass ich da aus Erfahrungen spreche?

Alternativen für Experten

Wie schon mehrfach erwähnt, ist es mir sehr wichtig, dass niemand von den vielen Informationen überrollt wird. Die Umsetzung der Ideen sollte einfach nach und nach erfolgen. So bleibt die eigene Motivation langfristig erhalten,

Toilettenpapier besteht zwar aus dem Rohstoff Holz, hinterlässt aber meist dennoch Plastikmüll.

und der unerwünschte Plastikmüll verschwindet langsam, aber stetig. Jeder kann den Prozess für seinen Haushalt mit möglichst wenig Plastikmüll in dem Tempo vollziehen, das sich am besten eignet. Es ist immer noch besser, das Ziel langsam zu erreichen, als unterwegs zu den bequemen alten Gewohnheiten zurückzukehren. Auf dem Weg zum Plastikfrei-Experten möchte ich dir jetzt noch einige großartige Alternativen für den Alltag vorstellen, die dir dabei helfen, den Plastikmüll Stück für Stück zu reduzieren.

Wasserkocher

Herkömmliche Wasserkocher sind in der Regel aus Plastik. Auch wenn der Edelstahlanteil größer ist, gibt es mindestens noch einen Deckel aus Plastik, der mit dem erhitzten Wasser in Berührung kommt. Das gibt winzigen, aber giftigen Plastikteilchen die Chance, sich von ihrer eigentlichen Aufgabe zu trennen und ins Wasser zu gelangen. Welche Alternative haben wir also? Gibt es denn tatsächlich Wasserkocher ohne Plastik? Nach langer Suche bin ich auf einen Wasserkocher aus Borosilikatglas gestoßen, der überragend gut funktioniert und sich auch in der Spülmaschine problemlos reinigen lässt. Für mich persönlich ist die Existenz eines solchen Wasserkochers eine Bestätigung dafür, dass wir mit der Plastikfrei-Bewegung auf einem richtig guten Weg sind, die Gesellschaft langfristig positiv zu verändern.

Wattepads

Auch wenn es mich persönlich nicht betrifft, weiß ich, dass der Müllberg zu Hause durch das beinahe tägliche Abschminken an Höhe gewinnt. Einwegwattepads aus Plastik, die in Plastik verpackt gekauft und nur für ein paar Sekunden verwendet werden – dafür muss es doch eine umweltfreundlichere Alternative geben?! Der eigene Plastikmüllberg wird schrumpfen, wenn stattdessen auf wiederverwendbare Pads aus Stoff gesetzt wird. Die lassen sich in allen Farben und Formen wunderbar aus alten Textilien selbst herstellen oder in Unverpackt-Läden und natürlich auch im Internet besorgen. Wattepads sind ein Musterbeispiel dafür, wie einfach sich langfristig kostenintensivere Einwegprodukte nachhaltig, kreativ und deutlich günstiger ersetzen lassen. Noch nachhaltiger fährt man natürlich mit dem ganzheitlichen Verzicht auf Schminke – der macht die Wattepads plötzlich überflüssig und reduziert einen Großteil des persönlichen Kosmetikabfalls.

 ## Haarbürste

Heute gleiten spezielle Haarbürsten für dickes, dünnes, lockiges und flockiges Haar durch die Mähne auf unserem Kopf. Es ist ja großartig, dass jedem Haartyp auch eine eigene Bürste zugeordnet wird – nur leider sind die meisten Haarbürsten heute sehr kurzlebig und produzieren deshalb im Verbund mit Verpackungen, Borsten, Gummibett und Griff tonnenweise schwer verwertbaren Plastikmüll. Auch hier möchte ich noch einmal einen Blick zurück in die Zeit wagen, als der Kunststoff noch nicht denkbar war. Oma und Opa kämmten ihre Haare mit einem Holzkamm und einer Haarbürste aus Holz mit holzigen Stiften – es gab nicht viele Alternativen. Erst seit der Geburtsstunde des Plastiks setzten sich auch nach und nach die daraus hergestellten Haarbürsten durch. Von der Verpackung über den Griff bis hin zu den Borsten – alles Plastik! Ein halbes Jahrhundert später gibt es trotzdem immer noch Holzkämme und Holzhaarbürsten, zwar noch etwas unter dem Radar, doch sie kommen seit einiger Zeit wieder in Mode. Mittlerweile gibt es plastikfrei verpackte Bürsten aus Bambus- oder Buchenholz, mit Holzstiften und Ziegen- oder Wildschweinhaarborsten. Entwirren, glätten und Kopf massieren, alles in einem, und das ganz ohne Plastik! Damit die Bürste auch möglichst lange durchhält, lohnt sich zusätzlich die Anschaffung eines Holzkamms mit groben Zinken, um die Haarbürsten zwischendurch zu enthaaren.

 ## Toilettenpapier

Die Suche nach einem plastikfrei verpackten Toilettenpapier im klassischen Supermarkt endet in der Regel erfolglos. Auch wenn ich mir sicher bin, dass sich dieses Problem in Zukunft lösen wird, gibt es in vielen Unverpackt-Läden und Onlineshops heute schon einige plastikfreie Alternativen, zum Beispiel das Toilettenpapier mit Papierbanderole statt in der Plastikfolie. Auch Bambuspapier in der Pappschachtel ist eine beliebte Alternative. Vor allem, weil Bambusholz sehr nachhaltig ist, da es am Tag bis zu einem Meter nachwachsen kann. Klingt unglaublich, ist aber so. Damit haben wir zwei mögliche Alternativen, die in Zukunft auf der Klopapierhalterung vieler Badezimmer stecken könnten. Doch ein Geheimtipp, der die Toilettenpapierhalter in Zukunft beschäftigungslos machen könnte, spielt sich momentan in den Vordergrund: die schnell installierte Toilettenbrause. Funktioniert wie ein klassisches Bidet, nur dass die Brause durch den flexiblen Schlauch natürlich viel beweglicher ist. Die zu säubernden Stellen werden einfach mit Wasser abgespült. Kein verstopfendes Papier, kein Plastikmüll. Immer mehr Europäer lassen sich auf die Toilettenbrause ein, während das für uns ungewohnte System in den meisten asiatischen Ländern schon längst gang und gäbe ist.

Müllbeutel

Wir lernen nach und nach, die Dinge, die bei uns im Müllbeutel landen, zu reduzieren. Doch was ist eigentlich mit dem gelben Sack selbst? Denn in der Regel besteht der ja aus Polyethylen, also Plastik. Meist wird er gemeinsam mit Bananenschalen, Eier, Brot und anderen organischen Abfällen gefüllt in die grüne Tonne geworfen, obwohl er dort nichts verloren hat. Ebenso wenig gehören Biomüllsäcke aus Maisstärke oder anderen pflanzlichen Stoffen dort hinein – sie verrotten leider zu langsam und lassen sich während des Recyclingprozesses nur sehr schwer von gewöhnlichen Plastiktüten trennen. Also, was ist nun die beste plastikfreie Lösung? Im Idealfall machen wir es wie unsere Großeltern, die ihren Mülleimer früher einfach mit ein paar Blättern Zeitungspapier auslegten – ganz ohne Plastikbeutel. Das hat damals funktioniert und klappt auch heute noch. Wer sich dennoch nicht von Müllbeuteln trennen kann, sollte auf Müllbeutel aus recyceltem Kunststoff oder Papier setzen, bei denen die Rohstoffe wenigstens so oft wie möglich wiederverwendet werden. Um möglichst viele Ressourcen zu schonen, sollten Beutel auch immer bis obenhin gefüllt werden, bevor sie im Wagen der Müllabfuhr landen.

TIPP: Aus ein paar Seiten Zeitungspapier lässt sich auch ohne großen Aufwand eine stabile Mülltüte falten, die sowohl für Plastikmüll als auch für organische Abfälle geeignet ist. Auf dieser Website findest du eine ausführliche Anleitung dazu: https://www.careelite.de/muelltueten-aus-zeitungspapier-falten/

 ## Haarprodukte

Ich habe die Bilder noch scharf vor Augen, wie mein Bruder und ich uns früher in nur sieben Tage eine ganze Tube glitschiges Haargel in die Haare schmierten. Mit all den Tuben hätten wir einen gelben Sack pro Jahr gefüllt. Der Plastikmüll entsteht, ganz egal, ob man ein duftendes Haarspray oder klebriges Wachs und Gel verwendet, durch Verpackungsmaterial und Mikroplastik in den Haarmitteln. In der Regel gleitet bei der Anwendung auch noch ein künstlicher Zusatzstoffcocktail durch unser Haar, der eigentlich nur die Dichte des Gels optimieren oder die Spraydosen vor dem Verstopfen bewahren sollte.

Das wäre auch alles total löblich, wenn es nicht gleichzeitig eine Gefahr für unsere Gesundheit bedeuten würde. Stattdessen verstopfen die synthetischen Stoffe die Poren unserer Kopfhaut, trocknen sie aus, verschärfen Reizungen und provozieren Schuppenbildung. Zum Glück bieten immer mehr Drogerien und Onlineshops alternative Naturkosmetik für die Haare an. Gesunde Haarpomade und Haarwachs im Glas sind keine Seltenheit mehr. Die künstlichen Zusätze werden durch Soja- und Bienenwachs, Kokos- und Jojobaöl auf natürliche Weise ersetzt. Haargel lässt sich zudem auch aus Leinsamen aus der Papiertüte und Honig aus dem Glas ganz einfach zu Hause selbst herstellen. Jedes Jahr einen gelben Sack voller Haargeltuben an die Straße zu stellen, vergessen wir also ganz schnell – denn wir bekommen auch ohne Gel die Haare schön!

Cremes

Augencreme, Halscreme, Tagescreme, Nachtcreme, 24-Stunden-Creme, Antifaltencreme, Dekolletécreme, sowie Winter- und Sommercreme – ja, was stimmt denn nicht mit uns? Im Regelfall wissen wir ja nicht einmal, was genau sich eigentlich in den ganzen Plastiktuben und -tiegeln versteckt! Parabene, Paraffine und Phenoxyethanol – was ist das eigentlich alles? Es sind gesundheitsschädliche Stoffe, die Allergien auslösen können, unsere Fortpflanzung beeinträchtigen, die Hautatmung hemmen oder unter Verdacht stehen, Krebs zu erregen. Auch Mikroplastik wollen wir nicht vergessen, das wir uns mittlerweile wie selbstverständlich ins Gesicht schmieren. Wir laufen also für diese überteuerten, gesundheitsschädlichen, aber doch so schönen, bunten Cremes in die Drogeriemärkte, kaufen uns um den Verstand, hinterlassen Unmengen an Plastikmüll und freuen uns schon darauf, wenn am Ende des Monats endlich wieder Geld auf das Bankkonto strömt, um wieder einkaufen zu gehen. Dabei erzielen viele natürliche Öle aus dem Glas genau die gleichen Wirkungen, die uns die Kosmetikwerbung suggeriert – jedoch ganz ohne die gesundheits- und umweltbelastenden Inhaltsstoffe. Oft warten sie sogar schon ungeduldig in der Küche auf ihren fachgebietsübergreifenden Einsatz auf der Haut. Wer zum Beispiel kalt gepresstes Olivenöl zu Hause hat, besitzt bereits einen entzündungshemmenden und hautpflegenden Creme-Ersatz, den viele Menschen gegen Neurodermitis einsetzen. Die Vitamine A und E ruhen im Distelöl, das gewöhnlich als Salatöl eingesetzt wird. Seine Inhaltsstoffe machen das Öl zu einem effektiven Bekämpfer von Augenringen und Akne. Auch Sesamöl, Kokosöl und Sojaöl finden ihren Platz als Kosmetikersatz.

Und jetzt du ...

Du weißt nun so ziemlich alles über die Vorzüge und Hürden des plastikfreien Lebens und kannst dich »Plastikfrei-Experte« nennen. Ich möchte dir hier wieder die Chance geben, das Gelernte aus dem aktuellen Kapitel zu prüfen und deine weiteren Pläne festzuhalten. Nimm dazu einen Stift und beantworte die Fragen einfach aus dem Stegreif.

Wo wirst du dir die genannten Hausmittel besorgen, die deinen plastikfreien Alltag erleichtern?

_____

_____

Zahnpasta, Spülmittel, Sonnencreme – an welchem Rezept möchtest du dich wann genau als Erstes versuchen und warum?

_____

_____

Wie lässt sich eine Party ohne Plastik feiern?

_____

_____

Was hast du in diesem Buch gelernt und wie willst du dein plastikfreies Leben in Zukunft umsetzen?

_____

_____

Vorangehen

Die nun sichtbaren Folgen des Plastikhypes der letzten sechs Dekaden wurden von uns verschlafen. Von manchen etwas mehr, von anderen etwas weniger, das spielt aber auch gar keine Rolle. Denn eine Kette ist nur so stark wie ihr schwächstes Glied. Nun hat jeder Einzelne die Chance, sich selbst und die Gesellschaft wachzurütteln. Nicht nur, weil wir alle am Ende selbst den mit Mikroplastik durchsetzten Thunfisch essen, der vorher im Plastikmeer umherschwamm – nein. Sondern, weil wir alle etwas gutzumachen haben. Jetzt ist die Zeit, um voranzugehen.

»Sei du selbst die Veränderung, die du dir wünschst für diese Welt«, so nannte es Gandhi, und so sollte es je-

Gehe voran, um andere zu inspirieren. Denn Vorbild zu sein, ist der beste Weg, um auch andere zum Nachdenken zu bewegen.

der leben. Dieses positive Denken schlummert in jedem von uns, wir müssen es nur aktivieren. Nörgelnd und meckernd durch die Gegend zu laufen, wird leider keine positive Veränderung zur Folge haben. Positive Veränderungen sind immer mit etwas Aufwand verbunden – dagegen ist Meckern ein immer verfügbares Ventil, um schnell mal Dampf abzulassen. Sei lieber ein Visionär und hinterlasse die Welt als einen besseren Ort, als du sie vorgefunden hast.

Hebe den Plastikmüll in der Umwelt auf, anstatt ihn zu produzieren. Unterstütze Aufräumaktionen und geh selbst mit gutem Beispiel voran, statt diejenigen zu belächeln, die deinen Müll aus allen Ecken der Umwelt kratzen. Zeige anderen, weshalb der neue Lebensstil klug, modern und nachahmenswert und nicht dumm, eklig und »voll öko« ist. Beachte die Plastikfrei-Grundsätze: erst wiederverwenden, reparieren, hinterfragen oder ablehnen, bevor etwas weggeschmissen oder brandneu gekauft wird. Mach Hersteller auf überflüssigen Kunststoff bei ihren Artikeln aufmerksam, damit möglichst schnell weitere plastikfreie Alternativen entstehen und weniger Verpackungsmüll produziert wird. Wenn Müll entsteht, dann trenne ihn ordentlich – so können möglichst viele Ressourcen wiederverwendet werden. Denn jeder Einzelne von uns trägt die Verantwortung dafür, dass unsere Kinder und Enkelkinder auf einem bewohnbaren Planeten aufwachsen können. Wir müssen nicht alles von heute auf morgen perfektionieren, doch wir können Schritt für Schritt darauf zusteuern.

Und wie wird sich der plastikfreie Lebensstil in Zukunft entwickeln? Die Entstehung der Plastikfrei-Bewegung durfte ich durch mein Umweltprojekt CareElite selbst hautnah miterleben, und ich kann sicher sagen, dass sich innerhalb unserer Gesellschaft seitdem sehr vieles zum Positiven verändert hat. Nach der ersten Massenproduktion des Kunststoffs haben wir zwar zunächst den richtigen Umgang damit etwa ein halbes Jahrhundert lang verschlafen. Bilder des Plastikmülls in den Ozeanen, an den Stränden und dessen verheerende Folgen für die Tierwelt gingen durch die sozialen Medien um die ganze Welt. Das ist Aufklärungsarbeit in Hochgeschwindigkeit. Nun ist uns endlich die Kehrtwende zum Besseren gelungen. Unsere Gesellschaft wird aufmerksamer und prangert überflüssige Plastikverpackungen direkt an. Der Wunsch nach weniger Plastikmüll wächst – genauso auch der Druck auf Politik und Industrie. Immer mehr Supermärkte bieten öffentlich an, die eigene Lunchbox mit Wurst und Käse befüllen zu lassen. Das kommt auch Oma bekannt vor, denn früher hatte jeder einen Behälter in der Tasche, wenn es zum Einkaufen ins Kolonialwarengeschäft ging. Und heute sprießen Unverpackt-Läden überall wie Pilze aus dem Boden und läuten den Wechsel vom Plastikzeitalter zum Zeitalter des Umweltbewusstseins ein. Wie auch immer wir diese neue Epoche nennen mögen – wir alle sind ein wichtiger Teil davon.

Dank

Eine Idee für ein spannendes Buch zu haben und dessen tatsächliche Umsetzung sind zwei Paar Schuhe. Die Zeit zwischen dem ersten Tippen auf der Computertastatur und dem letzten Buchstaben ist alles andere als ein Zuckerschlecken. Für so ein Buch braucht es wirklich Unterstützung von allen Seiten. Diese Zeilen widme ich deshalb den Menschen, die mir den Einstieg in die Autorenschaft unglaublich erleichtert haben. Zunächst einmal gilt mein größter Dank meiner Freundin Katharina, die mich während des Schreibens laufend motiviert, inspiriert und unterstützt hat. Ich danke meiner Mutter Inge und meinem Kumpel Philip für die geduldige Fehlersuche und die zahlreichen Verbesserungsvorschläge, während ich an der Tastatur saß. Auch Andreas danke ich ganz besonders für die vielen Ratschläge. Ein großer Dank geht natürlich auch an Elena und den mvg Verlag für die fantastische Zusammenarbeit vom ersten Brainstorming bis hin zum wohltuenden Duft des frisch gedruckten Buches. Nila und Lisa haben mich mit wunderbaren Bildern aus ihrem »Fräulein Lose« Unverpackt-Laden in Freising versorgt – ich danke euch vielmals und wünsche euch weiterhin den maximalen Erfolg mit dem modernsten Einkaufskonzept unserer Zeit. Auch an Daniela, die den Müll in der Umwelt auf ihren Schnappschüssen so einzigartig in Szene setzt, geht mein großer Dank. Ich bin außerdem allen Menschen sehr dankbar, die gerade dieses Buch in den Händen halten und bereits Teil dieser großartigen, smarten Bewegung sind oder es werden wollen. Lasst uns auch zukünftig gemeinsam das Umweltbewusstsein in unserer Gesellschaft schärfen und die Welt Stück für Stück ein bisschen besser machen.

Weiterführende Informationen

Du suchst weitere Informationen über die in diesem Buch bereitgestellten Inhalte? Dann empfehle ich dir, dich auf den folgenden Websites umzuschauen und dich noch mehr auf das Thema Plastikmüll in der Umwelt einzulassen.

Umweltbundesamt – www.umweltbundesamt.de
Küste gegen Plastik – www.kueste-gegen-plastik.de
Unverpackt-Laden »Fräulein Lose« –
www.fraeuleinlose.de
Codecheck – www.codecheck.info
WWF – www.wwf.de/plastikflut/

Über den Autor

Christoph Schulz ist Umweltunternehmer und kämpft gemeinsam mit seiner Community gegen den verheerenden Plastikmüll in der Umwelt. Als gelernter Bankkaufmann und studierter Online-Marketer bringt er mit dem Projekt CareElite – Be Natural Change seine wirtschaftlichen Fähigkeiten mit seiner Leidenschaft für den Umweltschutz in Einklang. Seit Anfang 2017 schließen sich immer mehr Menschen seinem großen Ziel an, die Welt von Plastikmüll zu befreien.

Auf meinen Blog www.careelite.de findest du laufend Neues rund um ein natürliches, plastikfreies Leben.

www.careelite.de

Neben Tipps & Tricks zum plastikfreien Alltag erhältst du Inspiration für eine gesunde Ernährung, die besten Ausflüge in die Natur, einzigartige Momente aus der Tierwelt und alle Neuigkeiten rund um das Thema Umweltschutz. Gemeinsam mit anderen engagierten Bloggern möchte ich das Umweltbewusstsein unserer Gesellschaft schärfen.

www.facebook.com/groups/careeliteconnect

Diskutiere mit Gleichgesinnten in unserer Plastikfrei-Community auf Facebook. Gib deine persönlichen Erfahrungen mit dem Leben ohne Plastik weiter und lass dich von anderen für neue Ideen begeistern. Wir lernen gemeinsam, plastikfreier zu leben.

www.facebook.com/groups/careeliteglobal

Du möchtest auch gern Müll aus der Umwelt holen und selbst mit anpacken? Dann werde Teil unserer weltweiten Nature & Beach CleanUp Group auf Facebook. Menschen aus der ganzen Welt teilen hier Termine und Bilder ihrer Aufräumaktionen im Kampf gegen den Plastikmüll in der Umwelt, und du kannst auch dabei sein.

Bildnachweis

Alle Fotos stammen von Christoph Schulz mit Ausnahme von:
S. 13 Daniela Bielfeld
S. 63, S. 66, S.119 Unverpackt Laden Fräulein Lose, Freising

S. 36 Trinkflasche: Shutterstock.com/tsaplia, Jutebeutel: Shutterstock.com/Miuky
S. 37 Shutterstock.com/Alexander_P
S. 38 Shutterstock.com/Lexver
S. 39 Shutterstock.com/Fribus Mara
S. 53 Shutterstock.com/Leen Savoyar
S. 54 Shutterstock.com/Elena Parkanski
S. 55 Shutterstock.com/Bodor Tivadar
S. 56 Shutterstock.com/Ivanov Dmitry
S. 57 Bienenwabe: Shutterstock.com/Farik gallery, Küchenhelfer: Shutterstock.com/predragilievski
S. 58 Shutterstock.com/Egor Shilov
S. 59 Shutterstock.com/ GzP_Design
S. 76 Shutterstock.com/Visual Generation
S. 77 Shutterstock.com/valeryvoronessa
S. 78 Sparschäler: Shutterstock.com/Bodor Tivadar, Flaschenbürste: Shutterstock.com/HN Works
S. 79 Teefilter: Shutterstock.com/Jimmylurii, Wattesäbchen: Shutterstock.com/Bodor Tivadar
S. 80 Zahnpasta: Shutterstock.com/Yevgen Kravchenko, Einwegrasierer: Shutterstock.com/Visual Generation
S. 85 Windeln: Shutterstock.com/Bodor Tivadar

S. 86 Shutterstock.com/Macrovector
S. 87 Shutterstock.com/sunniwa
S. 107 Shutterstock.com/LHF Graphics
S. 108 Shutterstock.com/matsabe
S. 109 Shutterstock.com/ArtColibris
S. 111 Shutterstock.com/Belchishche
S. 112 Wattepads: Shutterstock.com/chempina, Haarbürste: Shutterstock.com/GraphicsRF
S. 113 Shutterstock.com/Bodor Tivadar
S. 114 Shutterstock.com/olllikeballoon
S. 115, S. 116 Shutterstock.com/Ivanov Dmitry